평생해도 안 되는 영어

1년 만에
완전 마스터
하기

평생해도 안 되는 영어

1년 만에
완전 마스터
하기

초판 1쇄 인쇄 2012년 12월 06일
초판 1쇄 발행 2012년 12월 13일

지은이 유 형 곤
펴낸이 손 형 국
펴낸곳 (주)북랩
출판등록 2004. 12. 1(제2012-000051호)
주소 153-786 서울시 금천구 가산디지털 1로 168,
우림라이온스밸리 B동 B113, 114호
홈페이지 www.book.co.kr
전화번호 (02)2026-5777
팩스 (02)2026-5747

ISBN 978-89-98268-43-5 03740

평생해도 안 되는 영어

1년 만에 완전 마스터 하기

유 형 곤 지음

영어공부의 대혁명
누구나 영어 마스터에 도전할 수 있다.

book Lab

Contents

현재 한국 사회는 영어를 마스터한 젊은이들을 절실하게 원하고 있다. 거의 모든 한국의 대기업들이 세계를 상대로 거래를 하고 있다. 세계를 상대하는 것은 대기업뿐만 아니라 중소기업에서도 심지어 자영업자들조차도 여기에 가세하고 있다. 대기업의 CEO들은 이구동성으로 인재의 요건들 중에서 제1순위로 능숙한 영어실력을 강력히 꼽고 있다. 한국은 2011년에 역사상 최초로 무역총액이 1조 달러를 달성함으로써 세계 9위의 무역대국으로 당당히 자리매김하게 되었다. 향후 한국의 경제 규모는 더욱 커지게 될 것이다. 이제 한국은 더 이상 세계에서 변방 국가가 아니다. 세계가 한국을 주목하고 있다.

오늘날 인터넷의 발달로 세계화는 가속화되고 있다. 이러한 추세에 따라, 누구나 국내뿐만 아니라 드넓은 세계를 무대로 장사하는 것이 용이해지고 있다. 물론 이러한 변화가 반드시 좋은 점만 있는 것은 아니다. 그 이유는 시장의 기회가 넓어지는 반면에, 또한 전 세계와 경쟁해야 하기 때문이다. 그러나 이러한 부정적인 점이 싫다고 세계화를 막을 수는 없다. 만약 우리가 세계화를 거부하고 폐쇄적으로 간다면, 공멸의 길을 걸을 수밖에 없다. 인간 세계는 어차피 경쟁이 일어날 수밖에 없는 속성을 가지고 있다. 이러한 사실은 우리 주변에서 흔히 목격할 수 있다. 동네에서 경쟁력이 없는 가게가 문을 닫는 현상을 우리는 끊임없이 보게 된다. 우리는 가격이 저렴하면서도 서비스가 좋고, 품질이 좋은 제품을 파는 가게만 살아남는 사실을 너무나도 잘 알고 있다.

작은 동네에서조차도 살아남기 위해서 같은 업종끼리 피나는 경쟁이 24시간 일어나고 있다. 사회도 국가도 마찬가지다. 지금은 무력으로 다른 나라를 정복하는 시대가 아니라 경쟁력 있는 상품을 가지고 남의 나라를 정복하는 시대인 것이다. 국제사회에서 경쟁력이 뒤진 나라의 국민은 남의 나라에 가서, 그 나라 사람들이 하기 싫어하는 3D업종에 종사하면서 살아갈 수밖에 없다. 우리는 '피할 수 없다면 즐겨라'라는 말을 자주 듣는다. 경쟁을 피할 수 없는 것이라면, 우리는 세계를 상대로 경쟁에서 이길 수 있는 능력을 키워야 한다. 상대를 이기기 위해 우리 젊은이들이 가장 먼저 준비해야 할 무기는 바로 영어를 마스터하는 일일 것이다. 왜냐하면 세계를 상대로 장사를 하려면, 세계 공용어인 영어를 능숙하게 말하고 쓸 수 있는 능력이 반드시 요구되기 때문이다.

대부분의 한국 사람들은 이러한 현실을 모르지는 않는다, 다만 영어를 마스터하는 것이 말처럼 쉽지 않아 그것이 문제다. 모든 사람들이 영어를 마스터하기를 원하지만 한국에서 영어마스터는 특수한 경우를 제외하고는 쉬운 일이 아니다. 어려서부터 부모들이 많은 돈을 들여서 영어를 배우기 좋은 환경에서 자란 학생들과, 일찍부터 영어에 올인 한 일부 학생들을 빼고는 대부분의 학생들은 능숙한 영어실력을 갖기는 어렵다. 더욱이 영어마스터는 아예 꿈도 꾸지 못한다. 부유한 집안의 자녀들은 영어를 습득하기에 가장 좋은 시기인 어릴 때 아예 해외로 보내진다. 그리하여 원어민 수준의 영어를 익히게 하여 일찌감치 미래의 경쟁력을 갖추도록 하고 있다.

필자도 올바른 영어공부 방법을 잘 알지 못해서 영어 때문에 수많은 좌절을 겪으면서 오랜 세월을 보낸 사람들 중의 한 사람이었다. 거의 10년 이상을 영어에 매달리고 노력했지만 영어를 능숙하게 구사하고 쓸 수 있는 능력을 갖추기는 어려웠다. 필자는 젊은 시절에 호주 유학을 가게 되었다. 그러나 집안의 경제사정이 넉넉하지 못한 관계로 공부에 전념하기가 매우 어려웠다. 결국 학업을 중도에 포기하게 되었다. 그러나 나중에 곰곰이 생각해보니, 경제적인 어려움보다 유학을 가기 전에 영어를 마스터하지 못하고 간 것이 유학 포기의 원인이라는 사실을 깨닫게 되었다.

그래서 항상 '영어마스터 방법'에 대해 곰곰이 생각하고 연구를 하기 시작했다. 호주에서 귀국한 후 꾸준히 오랜 기간 동안 영어를 연구하고, 학생들을 지도하면서 필자가 내린 결론은 영어마스터는 올바른 방법으로 공부한다면 그리 어려운 일이 아니라는 사실을 알게 되었다. 그것도 단 1년 만에 영어를 마스터할 수 있다는 결론에 도달하였다. 이러한 결론에 도달하기까지 필자는 먼저 영어를 마스터한 사람들의 영어공부 노하우를 모두 수집했다. 직접 영어를 마스터한 사람들과 토론을 하고 대화를 나누었다. 여러 가지 사례와 연구를 통해서 필자는 고등학교 1학년 수준의 영문법만 알고 있는 사람이라면 누구나 1년 정도만 열심히 노력하면 영어를 마스터하는 것이 가능하다는 점을 자신 있게 확신할 수 있었다. 그 이유는 이미 객관적으로 영어를 마스터한 사람들의 생생한 영어공부의 경험과 필자의 영어공부 경험에서 나온 결론이었기 때문이다. 영어 마스터를 희망하는 모든 젊은이들에게 이 책에서 제시한 방법대로 실천한다면, 누구나 단기간에 영어를 마스터할 수 있다는 사실을 필자는 자신 있게 밝힌다.

CHAPTER 01

영어를 반드시 마스터해야 하는 이유

English

1. 사회는 영어를 마스터한 사람을 원한다

지금 사회에서 모든 업종을 막론하고 가장 중요한 인재의 자격 요건으로 능숙한 영어실력을 제일 먼저 요구하고 있다. 즉 글로벌 인재를 원하고 있다. 국내에 진출해 있는 다국적기업은 말할 것도 없고, 모든 대기업들이 인재를 뽑는데 가장 중요하게 생각하고 있는 것이 영어실력이다. 또한 중소기업들도 영어우수자를 뽑고 싶어 한다. 자신의 전문 분야 이외에 가장 중요하게 생각하는 것이 바로 영어실력이다. 전체적인 점수가 비슷하다면 영어실력이 우수한 사람을 선발하고 있다. 또한 다른 분야에서 약간 떨어진다 하더라도 영어실력이 출중한 사람은 취업에서 성공하고 있다. 영어실력이 입사시험의 당락을 결정하는 중요한 요소가 되었다.

위에서 보듯이 기업이 사람을 뽑을 때 가장 중요하게 생각하는 것 중의 하나가 바로 능숙한 영어실력을 갖추고 있는지 여부이다. 이제 영어 마스터는 우리 모든 젊은이들이 당면한 가장 중요한 문제가 되었다. 이러한 사회적인 요구를 깊이 절감한 기성세대들은 자식들의 인생 성공을 위해 치열하게 자녀의 영어실력 향상을 위해 모든 돈을 아낌없이 투자하고 있다. 현재 사교육비 중에서 가장 많은 부분이 영어실력 향상을 위해 사용되고 있다고 한다. 여기에서 가장 유리한 사람은 부유한 집안의 자녀들이다. 경제력이 좋은 집안은 아예 자녀를 해외로 보낸다. 부유한 가정에서는 영어를 배우기 가장 용이한 어린 시절에 자녀를 아예 외국에 보내서, 원어민 수준의 영어구사력을 갖도록 하고 있는 실정이다.

기업의 경영인들은 사회에서 영어마스터가 매우 중요하다는 점을 가장 뼈저리게 느끼고 있는 사람들이다. 그렇기 때문에 그들은 자녀를 해외로 유학을 보낸다. 우리나라에서 연예인들, 그리고 명사들은 대부분 자녀들을 어릴 때 모두 해외로 유학을 보내고 있다. 잘나가는 연예인 치고 자녀를 해외에 보내지 않는 사람은 거의 보지 못했다. 잘사는 사람들도 역시 마찬가지다. 거의 모든 한국 사람들이 경제력만 받쳐 준다면 자녀를 해외로 유학 보내고 싶어 한다. 그 이유는 무엇인가. 그것은 자녀의 미래가 오직 영어실력에 좌우된다는 점을 너무나도 잘 알고 있기 때문이다.

회사에서 위로 올라갈수록 영어실력이 점점 더 요구된다. 승진하기 위해서는 반드시 영어실력을 쌓지 않으면 승진 못하는 회사가 점점 더 많아지고 있다. 필자는 그러한 직원들의 영어를 지도한 경험이 있다. 한 직원은 자신의 업무 분야에서 탁월한 능력을 보여주었지만 과장 진급을 하는 데 있어서 3년 연속 실패하였다. "승진에서 탈락된 원인은 영어실력의 부족 때문이다"라고 그 직원은 필자에게 말했다. 회사에 입사할 때는 자신의 분야에서 능력을 인정받아 채용되었으나 정작 승진심사에서 영어실력을 직원들에게 요구하고 있는 것이다. 승진심사에서 3년째 고배를 들자 사태의 심각성을 느낀 그 직원은 필자에게 영어 지도를 긴급하게 요청하게 되었다. 그러나 직장생활을 하면서 영어를 공부하는 것은 말처럼 쉬운 일이 아니다. 왜냐하면 일을 열심히 하면서 영어 공부를 해야 하기 때문에 항상 공부할 시간이 넉넉하지 않다는 점이다. 회사는 직원들에게 영어실력을 요구하면서도 동시에 회사의 일을 완벽하게 처리하기를 원하기 때문이다.

과거에는 영어를 못해도 크게 사회생활에 지장이 없었다. 모든 사람들이 영어를 못했기 때문이다. 그리하여 외국인과 상담을 하거나 거래를 할 경우에는 반드시 영어통역 전문가를 대동하고 일을 처리하는 것이 일반적인 현상이었다. 그러나 지금은 상황이 그렇지 않다. 옛날처럼 영어전문가를 일일이 대동하고 일하던 시대는 지났다. 이것은 옛날에 회사 고위 간부들에게 운전기사를 붙여 주는 것이 당연한 관례였으나, 이제는 더 이상 회사에서 운전기사를 붙여주지 않고 회사에서 차만 제공하는 현실과 동일한 것이다. 이제는 시대가 변했다. 회사에서 차는 제공해 주지만 운전은 본인이 직접 하라는 것이다. 지금 영어에서도 똑같은 현상이 일어나고 있다. 이제 회사에서 해외 업무에 영어전문가를 붙여주는 시대는 아니다. 회사는 직원들에게 기본적으로 영어실력을 필수적으로 요구하고 있는 것이다.

2. 영어를 마스터하면 인생에서 확실하게 성공할 수 있다

사람들은 흔히 영어를 성공의 도구라고 말한다. 그 말은 절대적으로 사실이다. 여러분이 인생에서 성공하기를 원한다면 영어를 마스터하는 것이 가장 좋다. 영어를 확실하게 마스터했다면 인생을 성공할 가능성은 매우 높아진다. 여기서 중요한 전제는 한국어를 잘하면서 영어를 잘해야 한다는 점이다. 그러므로 외국에서 오래 살아서 영어는 잘하지만 한국어가 서툰 사람은 크게 값어치가 떨어진다고 말할 수 있다. 본론으로 돌아가서 지금부터 영어를 완전히 마스터하면 인생에서 어떻게 확실하게 성공할 수 있는지를 설명하겠다.

혹자는 나는 영어도 잘하는데 취직도 못하고 있고 생계가 어렵다고 말하는 사람들이 있다. 그런 사람들은 그 자신에게 여러 가지 문제가 있는 경우가 십중팔구이다. 그런 사람들은 자신에게 문제가 있기 때문에 자신의 앞길을 헤쳐 나가지 못하는 사람들이다. 그 원인들 중에서 하나는 다른 사람과 함께 일하는 데 문제가 있는 경우다. 사회생활에서 가장 중요한 대인관계 능력이 부족한 경우다. 그는 다른 사람들과 인간관계를 맺는데 있어서 많은 어려움이 있다. 다른 사람들이 잔소리하거나, 사리에 맞지 않는 이야기를 하거나 혹은 싫은 소리하면 참지 못하고 박차고 나온다. 그들은 사람들과의 관계에 있어서 원만하지 못하지 못하기 때문에 사회생활을 잘할 수가 없다. 인생을 살아가는 데 있어 사람에게 가장 중요한 능력은 어떤 조직이나 어떤 환경에도 잘 적응할 수 있는 적응력이다. 사회에서 성공하기 위해서는 남과 잘 어울려서 일할 수 있는 능력이 가장 요구된다.

너무 옳고 그름을 따진다면 원만한 인간관계를 갖지 못할 수도 있다. 큰 목적을 이루기 위해 조그만 손해를 감수할 수 있어야 한다. 인생에서 성공을 위한 조건은 첫 번째가 남과 원만한 인간관계를 유지하는 능력이고, 두 번째가 실력이다.

또 한편으로는 인생에서 자신감의 부족이나 도전정신이 없는 경우다. 영어실력이 뛰어나도 자신이 일하고 싶은 직장에 찾아가서 도전적으로 자신을 채용해 달라고 말하는 도전정신이 부족한 경우다. 상대방이 설사 "사람이 필요 없다"고 거절해도 그 사람을 설득해서 자신을 채용하도록 유도하는 배짱과 자신감이 없는 경우다. 사회에서 가장 원하는 스타일은 배짱이 두둑하고 자신감이 넘치는 사람이다. 남을 귀찮게 하는 한이 있더라도 끈질기게 자신을 PR하면서 상대를 설득할 줄 아는 사람이 바로 사회에서 원하는 스타일이다. 그 이유는 그런 사람들이 나중에 회사를 위해 열정적으로 일하고, 회사의 발전에 크게 기여하기 때문이다.

여러분이 앞에서 언급한 문제점이 없다면 영어를 마스터하면 여러분은 평생 부자로 살 수 있다. 영어를 완전히 마스터했다고 상상해보자. 그러면 돈 버는 일은 세상에 널려있다. 설사 인생에서 어떤 사업을 하다가 망해 빈털터리가 됐다하더라도, 언제든지 영어를 이용해서 다시 돈을 벌 수 있는 길이 항상 열려있다. 나는 한국 젊은 이들에게 "젊을 때 1년만 투자해서 영어를 꼭 정복하라"고 강력하게 충고하고 싶다. 영어마스터는 그 어느 것보다 인생에서 확실한 성공과 부 그리고 명예를 거머쥐게 해주는 강력한 무기이기 때문이다.

우선 영어교재를 만들어서 출판할 수 있다. 우리나라 대부분의 가정은 자녀의 영어교육을 위해 사교육비를 가장 많이 투자하고 있다. TV에 나온 어떤 엄마는 유치원 딸의 영어 공부를 위해 1년간 1억 원을 지출했다고 말했다. 유아부터 일반 성인들에 이르기까지 영어교육, 영어교재 출판시장의 규모는 너무나도 방대하다. 영어 단어, 숙어, 발음, 회화, 문법, 기타 영어교재를 만들 수 있는 분야가 너무도 많다. 여기에 더하여 나이별, 수준별로 나눠서 다양하게 교재를 만들 수 있다. 또한 영어 목적별로 분류하여 다양하게 영어교재를 만들 수도 있다. 영어교재 시장만 해도 무궁무진하다고 볼 수 있다.

또한 영어를 마스터하면 영어강사로 성공할 수 있다. 영어에서 자신의 분야를 특화에서 그 분야의 영어를 전문적으로 연구해서 준비하면 된다. 예를 들어 영어회화 부분을 전문적으로 연구해서 영어회화 강사를 해도 될 것이다. 대개 회화를 배우는 사람들은 거의 다 기초 영어회화를 배우는 사람들이므로 영어를 마스터한 후 영어회화를 따로 1년 정도만 준비하면 얼마든지 영어회화 강사로 활동할 수 있다. 이 분야에서 크게 성공한 사람으로는 곽영일 씨와 이시원 씨가 대표적이다. 영어를 마스터한 다음에 회화 분야를 전문적으로 넉넉잡고 1년만 준비해서 노력하면 훌륭한 영어회화 강사가 될 수 있다.

영어를 무기로 외국인 상대로 사업을 벌이는 것도 매우 바람직하다. 2012년 11월 현재 한국에 거주하는 외국인 수는 대략 140만 명에 달한다고 한다. 한국에 있는 외국인들에게 각종 서비스를 제공하는 사업을 하는 것이다. 일본에서는 외국인을 위한 각종서비스를 제공해주는 사업으로 성공한 예가 있다. 외국인들이 한국생활에서 겪게 되는 어려움을 대신 서비스해 주는 것이다. 더 나아가 한국에 진출한 외국회사를 상대로 사업을 하는 것도 좋다. 대표적인 회사 중의 하나가 여행업계에서 유명한 BT&I 여행사이다. 이 여행사의 대표 송경애 사장은 처음에 직원 두 명을 데리고 외국인에게 명함을 직접 돌리면서 시작했다. 5개월 만에 첫 고객을 잡은 이후, 뛰어난 고객서비스로 명성을 높이면서 오늘날 한국에서 최고의 여행사 중의 하나로 키워냈다.

영어를 무기로 해서 크게 성공한 사람들 중에서 조앤리를 꼽지 않을 수 없다. 조앤리는 탁월한 영어실력을 바탕으로 많은 외국인들과 인맥을 형성하여, 국제적으로 유명한 인물이 되었다. 전 세계에 있는 그녀의 친구들이 많은 일거리를 그녀에게 맡겼다. 그녀는 이러한 비즈니스를 통해 많은 부를 얻게 되었다. 평창올림픽을 유치하는데 있어 영어로 프레젠테이션을 한 나승연 씨는 그녀의 영어 실력으로 일약 스타덤에 올랐다. 영어를 잘하면 우리나라에서 출세하는 것은 시간 문제라는 것을 여실히 보여주고 있다.

서울 강남에 큰 애니메이션 회사가 하나가 있다. 이 회사의 대표는 여성이다. 고등학교를 졸업한 후 취직의 어려움을 느낀 그녀는 영어회화 공부에 2년간 몰입하였다. 그녀는 영어회화를 무기로 애니메이션 회사에 취직할 수 있었다. 그녀는 무역부에서 근무하면서 외국인과 인맥을 쌓았다. 그리고 외국 바이어와 쌓은 인간관계를 바탕으로 직접 애니메이션 회사를 차려 엄청난 성공을 거두었다.

외국에는 우리나라에 아직 소개되지 않는 사업이나 제품들이 널려 있다. 그러한 사업의 노하우를 배워서 사업을 하거나, 혹은 직접 그 제품을 우리나라에 수입하여 크게 성공한 경우는 비일비재하다. 우리나라에 영국의 본차이나나 그릇이 도입되기 전의 일이다. 영국 본사에 찾아간 한 한국 여자는 본차이나를 한국에 팔고 싶다고 협조를 요청하자, 본차이나 본사에서는 이를 쾌히 승낙을 하였다. 물건을 아예 외상으로 지원해 주었다. 본차이나의 그릇을 강남의 한 백화점에 풀자마자 한 달 만에 바닥나는 대성공을 거두었다.

카페베네의 성공을 이룬 김선권 사장도 사실 서구의 커피전문점을 보고 이를 벤치마킹한 것이다. 그는 스타벅스의 노하우를 바탕으로 해서 기존의 커피전문점과 차별화된 카페베네 커피전문점 사업을 시작했다. 그리고 그는 카페베네의 성공으로 엄청난 돈을 벌었다. 여러분이 영어를 마스터만 하면 세계의 모든 것들을 직접 가서 배워서 그것을 가지고 한국에서 사업을 할 수 있다. 이렇게 하여 인생에서 크게 성공할 수 있다.

영어를 마스터한다는 것이 인생의 성공에 얼마나 중요한 것인지는 더 이상 말할 필요가 없다. 여러분이 영어를 마스터한 후 한국에는 아직 소개되지 않은 사업이나 제품을 취급하는 회사를 찾아가서 사업을 제의해보라. 의외로 쉽게 여러분은 행운을 잡을 수 있다. 요즘 뜨고 있는 스무디킹이라는 음료도 바로 그런 경우다. 한국에 없는 건강음료인 스무디킹을 처음 접했던 유학생 김성완 씨는 이 음료가 한국에서도 통할 것이라고 생각하고 본사를 찾아가 한국판매권을 교섭하였다. 그리고 2003년에 한국에 들어와서 매년 높은 성장률을 올리면서 사업을 성장시켰다. 2012년에 연매출 450억을 올렸고, 마침내 미국본사를 인수하기에 이르렀다고 한다.

이렇듯 영어를 마스터하면 영어를 무기로 해서 세계를 상대로 비즈니스를 펼치고 국제적으로 활동할 수가 있다. 새로운 노하우를 배울 수도 있고 외국본사에 찾아가서 한국의 사업을 제의할 수도 있다. 우리가 잘 알고 있는 벼룩신문이나 가로수 같은 무료배포 광

고지들도 사실은 외국에서 먼저 성행하던 것들이었다. 현재 학생들이 등에 매고 다니는 배낭형 가방도 우리나라가 외국의 학생용 배낭을 보고 그대로 따라한 것이었다. 손에 들고 다니던 학생가방을 획기적으로 등에 메는 배낭형으로 만들어서 판 최초의 한국회사는 물론 떼돈을 벌었다.

영어를 마스터하면 얼마든지 성공할 수 있는 길이 널려 있다. 선진 외국에 가면 우리나라에 없는 사업, 아이템, 제품 등을 찾아볼 수 있다. 한번 직접 그 회사에 찾아가서 부딪쳐 보라. 그 회사에 직원으로 들어가서 노하우를 배워라. 그리고 비즈니스를 과감하게 제의하라. 선진 시스템을 한국에 접목해보라. 영어를 마스터해서 해외에 나가서 우리나라에 없는 것을 살펴보고 그것의 노하우를 배워라. 우리가 모르는 수많은 것들이 사실 외국에서 성공한 아이템을 한국에 들여와서 성공한 것이다. 서울시가 성공적으로 시행하고 있는 시내버스 중앙버스차선제도 사실은 외국에서 이미 시행하고 있었던 것을 우리나라가 도입한 것이다. 누가 먼저 시도해서 외국의 것을 한국에 들여올 것인가가 성공의 관건인 것이다.

3. 영어를 마스터하면 취직을 걱정할 필요가 없다

영어를 마스터하면 취업경쟁에서 남보다 유리한 고지를 점하게 된다. 취업선발에 있어서 가장 중요한 포인트는 능숙한 영어구사력 이다. 영어 이외의 다른 분야에서 실력이 비슷할 경우 자신이 남보 다 더 뛰어난 영어구사력을 가지고 있다면, 취업에서 성공할 가능 성이 매우 높다. 또한 회사에 입사한 후 승진에서도 매우 유리하 다. 대부분의 기업들은 승진심사에서 영어실력을 매우 중요한 요소 로 간주하고 있다. 그러나 회사생활을 하면서 영어 공부를 한다는 것은 매우 어렵기 때문에 영어마스터는 사회에 나가기 전에 반드시 끝내야 한다.

영어를 마스터한다면 우선 자신이 취업할 수 있는 회사는 남보다 수십 배, 아니 수백 배로 범위가 넓어진다. 그 이유는 전 세계기업 을 상대로 취업에 도전할 수 있기 때문이다. 다른 사람들은 오로지 한국기업에만 응시할 수 있지만 자신은 국내에 있는 외국 기업을 포 함하여 전 세계의 거의 모든 나라의 기업에 지원할 수 있다. 이러한 사실을 하나만 보더라도 영어마스터가 얼마나 중요한지 알 수 있다.

대학교시절에 영어를 확실하게 마스터한다면 여러분은 취업할 가능성이 99%로 높아진다. 대부분의 학생들이 영어를 확실하게 마스터하지 못하기 때문에 레드오션에서 치열한 경쟁에 내몰리게 되는 것이다. 확실하게 내세울 것이 없다보니까 스펙을 쌓는 데 모든 시간을 허비하게 되고, 비용 또한 만만치 않게 들게 된다. 이래저래 본인들과 부모들만 허리가 휘어지고 인생이 고달프게 된다. 그럼에도 불구하고 현실은 그리 녹록치 않다. 모든 대학생들이 비슷한 스펙 쌓기에 몰리다보니 웬만한 스펙을 가지고는 남과 차별성을 갖기도 어렵다. 모든 사람들이 어려워 보이는 길을 피하고 좀 쉬워 보이는 길로 몰리기 때문이다.

현명한 사람들은 경쟁이 치열한 레드오션에 들어가서 경쟁하지 않는다. 너무나도 많은 사람들이 몰려있어 승산이 거의 없기 때문이다. 여러분은 진정으로 레드오션에서 남과 경쟁하기를 바라는가. 남이 뭐라고 말하든 진짜 영어실력을 길러라. 그저 남에게 보여주기 위해서 토익, 토플, 오픽, 텝스 등의 점수에 목매지 마라. 거기가 바로 레드오션이다. 경쟁자가 거의 없는 곳, 혹시 있다 하더라도 모두 윈윈 할 수 있는 나만의 블루오션을 찾아서 거기에 올인 하라. 블루오션은 바로 진정한 영어실력을 쌓는 것이다. 다시 말해 영어를 마스터하는 것이 내가 승리할 수 있는 길이다. 영어마스터가 그리 어려운 것은 아니다. 단 1년만 영어에 완전히 미치면 평생 완벽한 영어를 구사하면서 세계를 무대로 왕성하게 활동할 수 있다. 얼마나 멋진 일인가. 생각만 해도 심장이 뛰지 않는가. 사람은 모름지기 꿈이 커야 한다. 젊은이라면 세상을 내가 좌지우지 할 수 있는 목표를 가지고 인생을 살아가야 한다.

　우리가 매일 접하는 신문이나 TV에서 흔히 보고 듣는 그러한 회사에서 근무하고 쉽지 않은가? 구글, 애플, 마이크로소프트, IBM, 로레알, 토이저러스, 디지니랜드, 컬럼비아 영화사, 맥도날드 본사, 스타벅스 본사, 에어버스사, 보잉사, 존 홉킨스 병원, 세계적인 금융회사, 세계적인 호텔, 세계적인 부동산 개발회사, 세계적인 유람선회사, 세계적인 자동차회사, 세계적인 건축회사, 세계적인 의류패션회사, 세계적인 컨설팅회사 등 전 세계에 수많은 회사가 다 내가 지원할 수 있는 회사이다. 더욱 좋은 것은 내가 한국 사람이기 때문에 희소가치가 있다는 점이다. 다시 말해 나만큼 한국어를 잘 구사하는 사람이 그 회사에서 드물기 때문에 그 회사에서도 영어실력만 있으면 당신을 뽑기를 희망할 것이다. 그 이유는 한국은 세계에서 무시하지 못할 큰 시장을 가진 국가이기 때문이다.

　꿈을 크게 갖고 세상을 넓게 바라보자. 국내기업만 관심을 갖지 말고, 세계를 상대로 자신의 길을 넓혀보자. 세상은 이미 완전히 글로벌시대로 진입했다. 이를 피하지 말고 적극적으로 글로벌 시대에 동참하자. 그렇게 하기 위해서는 영어마스터는 가장 중요하고 필수적인 요소이다. 영어는 평생 당신을 먹여 살릴 엄청난 무기이다. 나는 젊은이들에게 감히 다음과 같이 충고한다. "영어 하나만큼은 대학시절에 꼭 마스터하라. 그러면 평생 영어가 당신을 보살필 것이다" 영어만 완벽하게 마스터하면 그보다 더 좋은 연금을 없다고 필자는 확신한다.

4. 어떤 분야에서 일하든지 영어는 필수 조건이다

우리는 인터넷의 발달로 새로운 패러다임시대에 살고 있다. 실시간의 모든 정보가 만인에게 전파되는 시대이다. 전 세계가 인터넷을 통해 동시에 새로운 정보를 얻는 것이 가능하게 되었다. 새로운 정보, 새로운 상품, 새로운 패션, 새로운 유행, 문화, 등이 순식간에 전 세계 네티즌들에게 전달되고 공유되고 있다. 특히 젊은이들은 새로운 유행에 민감하다. 어떤 제품이 젊은이들 사이에 인기를 끌면 그 여파는 순식간에 전국으로 퍼져 나간다. 이러한 형태는 기존의 기성세대에게도 큰 영향을 미치고, 궁극적으로 기성세대도 시대에 뒤지지 않기 위해 이를 추종하게 되는 현상이 벌어지고 있다. 현대는 누가 이러한 인터넷의 속성을 잘 이용하여 경쟁에서 이기느냐가 중요한 관건이 되었다.

옛날에는 정보의 전달 속도가 매우 느렸고 그 범위 또한 매우 제한적이었다. 대부분의 사람들은 정보를 획득하는 범위는 자신의 거주하는 동네나 도시에 국한되었다. 동종업계의 가게들은 거의 비슷비슷한 서비스를 제공하고 동일한 가격, 동일한 품질의 상품을 판매하고 있었다. 따라서 특별한 이유가 없는 한 보통 자신의 집에서 가까운 가게에 가서 물건을 구입하는 것이 일반적인 현상이었다.

또한 변화의 속도가 매우 느리게 진행되었기 때문에 가게는 크게 변신을 추구하지도 않았다. 따라서 각각의 가게들은 나름대로 고유의 영역을 확보하면서 안정적으로 일정한 수익을 창출할 수 있었다. 경쟁의 강도도 느슨하였고 급격한 변화는 거의 발생하지 않았다.

그러나 인터넷의 등장으로 새로운 패러다임이 형성되기 시작되었다. 인터넷이 점점 더 발달하면서 우리는 인터넷의 가공할 위력을 매일 실감하고 있다. 한마디로 하루하루가 새롭게 변하는 세상이 되었다. 어제와 오늘이 완전히 다르게 변하는 시대가 되었다. 어제의 정보는 날짜가 바뀌는 순간 구정보가 되면서, 구 정보의 가치는 순식간에 떨어진다. 더욱이 정보의 이동속도를 더욱 빠르게 하는 신기술이 계속 개발되고 있고, 동시에 그것을 활용하는 소프트웨어 기술도 계속 발달하고 있다. 우리는 소유하고 있는 스마트폰 등을 이용해서 거의 실시간으로 정보를 활용할 수 있게 되었다. 그야말로 광속의 변화의 시대에 우리는 살고 있다. 따라서 누가 실시간 정보를 빨리 얻어서 대처하느냐가 매우 중요해졌다.

정보의 속도만 빠르게 변화하는 것은 아니었다. 정보의 이동범위가 거의 실시간으로 국내를 넘어서 전 세계 구석구석까지 확대되었다. 모든 상품의 구매는 전국으로 확대되었을 뿐만 아니라 전 세계로도 확대되었다. 요즘의 젊은이들은 더 이상 동네에서 물건을 구매하지 않는다. 인터넷을 통해 실체가 없는 가상의 인터넷 가게에서 물건을 구매한다. 자신의 동네에서는 전혀 볼 수 없는 유명회사의 제품을 손쉽게 구매하는 세상이 되었다. 이제는 가게의 위치는 무의미해졌다. '누가 경쟁력 있는 상품을 더 싼 가격에 제공할 수 있느냐'가 더 중요해졌다. 우리는 새로운 정보통신의 발달로 바야흐로 새로운 인터넷 혁명시대에 살고 있는 것이다.

인터넷 혁명시대에는 누가 남보다 새로운 정보를 더 빨리 획득하여 남을 패배시키고 경쟁에서 우위를 점하느냐가 매우 중요하게 되었다. 정보 획득의 범위는 국내 정보뿐만 아니라 전 세계에서 생성되는 모든 정보를 대상으로 확대되었다. 아무리 작은 업종의 가게라도 여기에서 예외가 될 수는 없다. 아무리 작은 가게라도 전국의 최고 경쟁 상대와 경쟁을 하지 않으면 안 되게 되었다. 그러다 보니 영세한 동네 자영업자들은 국내 최고의 상품과 서비스를 제공하는 괴물에 경쟁력이 밀릴 수밖에 없게 되었다. 보다 훌륭한 운영시스템과 보다 나은 서비스 그리고 우수한 품질을 제공하는 강력한 괴물과 동네의 소규모 가게의 싸움은 어른과 아이가 싸우는 격이다. 당연히 소규모 가게들은 장사가 안 될 수밖에 없다. 모든 젊은이들이 품질 좋고, 더 나은 서비스를 제공하는 괴물이 운영하는 가게로 몰리고 있기 때문이다. 특히 인터넷을 통해서 이러한 현상은 더욱 심화되고 있는 실정이다. 아울러 이러한 현상은 국내를 넘어 세계로 확대되고 있다. 누가 전 세계의 상품, 패션, 트렌드에 관한 정보를 보다 빨리 입수해서 이를 젊은 소비자들에게 선보이냐가 매우 중요한 문제가 되었다. 이제 대기업은 물론이고 거의 소규모 가게에 이르기까지 세계와 경쟁하지 않으면 안 되는 시대가 되었다. 이러한 현상은 모든 업종으로 급속히 확대되고 있다.

이러한 인터넷 혁명시대에 신속하게 적용하지 못하거나, 경쟁력이 뒤떨어지는 중소기업과 소규모 자영업자들은 벼랑 끝에 몰리고, 그 여파로 중산층이 하층민으로 전락하는 현상이 속속 나타나게 되었다. 이러한 사회 현상에 대한 반발이 국민들 사이에 나타나게 되었다. 그것은 바로 21세기형 러다이트운동의 현상이라고 간주되고 있다. 예를 들면 세계화반대, F.T.A.반대, 정부의 보수적인 경제정책에 대한 분노, 복지정책 확대요구 등이 바로 그것들이다.

여기서 필자는 정부의 정책이 옳고 그르다는 것을 말하려는 것이 아니다. 이러한 시대의 흐름을 읽고 젊은이들이 여기에 대처하는 것이 중요하다는 점을 말하려는 것이다. 세계 역사에서 보듯이 시대의 거대한 흐름은 막을 수가 없다. 인터넷이 우리에게 편리함과 무한한 정보의 획득성과 접근성을 가져다주었지만, 반면에 이에 미처 따라가지 못하는 사람들에게는 생존의 위협으로 다가오게 되었다. 그렇다고 해서 이러한 인터넷혁명 시대의 패러다임을 바꾸거나 멈추게 할 수는 없다. 그렇다면 우리 젊은이들에게 이러한 흐름에 뛰어들어 새로운 패러다임에 슬기롭게 적용하는 것이 현명한 선택이 될 것이다.

이러한 인터넷 혁명시대에 우리 젊은이들이 슬기롭게 대처하는 방법 중의 하나가 바로 영어를 마스터하여 세계화 시대에 신속하게 적응하고, 보다 적극적으로 이를 이용하는 능력을 키우는 것이다. 세계의 모든 정보의 90%가 영어로 되어 있다는 것은 삼척동자도 다 안다. 우리는 국내시장만 의식해서는 이 시대에 생존하기 어렵다. 전 세계 시장을 상대로 장사를 해야 하고, 전략을 짜고, 세계의 흐름에 민감하게 반응해야만 살아남을 수 있다. 그러기 위해서는 실시간으로 집에서 혹은 사무실에서, 전 세계의 인터넷 정보를 다루고 활용하는 능력을 가져야만 한다. 따라서 어느 분야에서 일하든지 간에, 영어는 필수적으로 요구된다는 사실을 우리는 명심해야 한다.

인터넷을 통해 태권도복을 전 세계에 팔고 있는 1인 자영업자가 매스컴에 오르내리고 있다. 인터넷을 통해 물건을 해외로 판매한 자영업자나 중소기업자의 성공담은 더 이상 뉴스거리도 되지 못하는 시대가 되었다. 인터넷을 통해 산악자전거를 수입하여 인터넷을 통해 산악자전거를 팔아 성공했다는 뉴스도 들린다. 이제는 세계각지에 있는 물건들을 무역업자가 아닌 평범한 동네 자영업자들이 들여와 파는 시대가 된 것이다. 또한 내가 동네에서 파는 물건도 인터넷을 통해 전 세계에 팔 수 있는 시대가 되었다.

필자의 친지 중에서 남대문에서 장사하는 분이 있었다. 그분은 아들에게 남대문 시장의 가게를 물려주었다. 한때 장사가 잘되었지만 아들에게 물려줄 때는 불황이 심해서 장사가 너무 안 되었다고 한다. 그러나 아들이 인터넷에 상품을 올려 전 세계를 상대로 장사를 하면서 다시 활기를 되찾게 되었다고 한다. 인터넷 판매를 시작할 때 자신의 아들은 영어실력이 부족하여, 영어를 잘하는 친구를 영입해서 장사를 함께 했다고 한다. 여기서 보듯이 남대문 상인들도 이제 살기 위해서는 영어를 하지 않으면 안 되는 시대에 우리는 살고 있는 것이다.

5. 유학의 성공여부는 영어마스터에 달려있다

많은 젊은이들이 해외 유학을 꿈꾼다. 젊은 시절에 외국에 가서 선진학문을 배우는 동시에 국제적인 무대에서 활동하기 위한 경험을 쌓는다는 측면에서, 외국유학은 젊은이들이 도전할만한 일이다. 외국유학에서 얻을 수 있는 장점은 여러 가지가 있을 것이다. 가장 좋은 점은 영어에 대한 실력을 확고히 다질 수 있는 기회를 가지게 된다는 점이다. 사실 선진학문을 배우는 것도 중요하지만 그것보다 더 가치 있는 것은 영어실력의 향상일 것이다. 두 번째가 선진학문을 배운다는 점이다. 세 번째가 외국인과 교류하고 외국인 인맥을 구축할 수 있다. 앞으로 세계화시대에 외국에 친구들이 있으면 국제적으로 활동하는 데 많은 도움을 받을 수 있어 좋다. 네 번째로 국제적인 흐름을 파악할 수 있고 외국문화도 배울 수 있다. 그러므로 유학 경험은 장차 국제무대에서 활동을 하는 데 많은 도움을 주게 된다. 따라서 젊은이들은 여건이 허락된다면 유학이나 해외 연수, 해외여행 등을 시도해볼 것을 권하고 싶다.

앞으로 세계를 상대로 활동이 예상되는 젊은이들에게 다른 나라에 대해 잘 아는 것이 매우 필요하다. 그 나라의 역사와 문화, 풍습 등을 잘 알고 거기에 맞는 제품이나 서비스 등을 개발하여 판매하는 것이 매우 중요하기 때문이다. 지금은 우리는 경제 전쟁의 시대에 살고 있다. 누가 그 나라의 소비자 욕구에 맞는 상품과 서비스를 개발하여 판매하느냐가 바로 관건이다. 이러한 점에서 기업은 글로벌마인드를 가진 글로벌 인재를 원하고 있다. 비록 유학은 못 가더라도 젊은 시절에 방학을 이용해서 해외여행을 가서 넓은 세계를 경험하는 기회를 갖는 것은 매우 바람직하다.

다른 나라의 관광지를 보는 것도 좋겠지만 그들이 무엇을 먹고, 무엇을 즐기고, 어떻게 생활하는지에 관심을 가지고 살펴보라. 그들이 무엇에 관심을 가지고 있는지, 우리와 다른 점은 무엇인지를 파악하는 것이 중요하다. 특히 그들의 사고방식, 역사, 전통, 풍습 등도 세밀히 관찰하는 것이 좋다. 이러한 것들을 파악하기 위해서는 그들의 생활을 관찰하는 태도를 지녀야 한다. 그들의 선진시스템을 관찰하고 배워야한다. 그들에게 적극적으로 다가가서 대화를 즐겨라. 또한 친구를 적극적으로 사귀고 그들의 집도 방문해보라. 그들과 함께 생활해보는 경험을 갖는 것이 좋다. 그것은 여러분에게 귀중한 체험이 될 것이다. 많은 비용과 시간을 들여서 외국여행을 하는 만큼 반드시 무언가를 얻고 경험해야 하겠다는 강한 목적의식을 갖고 적극적으로 그 사람들에게 다가가라.

현지 사람과 별로 접촉하지 않고 해외여행의 낭만만 즐긴다면 단지 추억만 남게 될 것이다. 보통 해외여행은 그저 관광지나 보고 사진이나 찍고 오는 것이 대부분이다. 필자는 그러한 여행은 별로 권하고 싶지 않다. 필자는 비즈니스 마인드를 가지고 새로운 것을 배우고, 우리나라에 없는 새로운 것을 발견하고자 하는 마음을 갖고 여행을 하기를 바란다. 그러면 하나하나가 다르게 보인다. '저것을 한국에서 적용시켜보면 어떨까'라는 질문을 자신에게 수시로 던지고, 메모를 하는 습관을 지녀라. 사과나무에서 사과가 떨어지는 것을 보고 사람들은 아무도 의문을 제기하지 않았지만, 위대한 물리학자 뉴턴은 만유인력의 법칙을 생각해냈다. 필자가 호주에 있을 때 가장 신기하게 본 것 중의 하나는 호주학생들은 등에 메는 배낭형 가방을 사용한다는 점이었다. 우리나라에서는 전혀 볼 수 없는 광경이었다. 매우 신기하게 생각하였다. 그때 필자가 비즈니스 개념을 갖고 그것을 사업화 하겠다는 생각을 가졌다면, 아마 크게 부자가 되었을 것이다. 외국에 나갔을 때 우리나라에 없는 새로운 것을 보고 그것을 비즈니스 관점에서 보는 습관을 갖기를 바란다. 그런 사고방식을 갖고 해외여행을 한다면 나중에 여러분에게 엄청난 부를 갖다 줄 수가 있다. 유학도 결국 나중에 돈을 많이 벌기 위한 것이니만큼, 학생신분이라 하더라도 항상 비즈니스 의식을 갖는 것은 매우 중요하다.

이야기가 너무 옆길로 벗어났다. 다시 본론으로 돌아가자. 많은 젊은이들이 외국유학을 결심하고 외국유학 준비에 돌입한다. 그리고 외국으로 출발한다. 그들은 과연 외국유학을 성공적으로 마치고 돌아올 수 있을 것인가? 외국유학의 성공여부는 한국을 출발할 때 거의 90% 결정이 난다고 보면 틀림없다. 다시 말해 한국을 떠날 때 영어를 마스터했느냐 못 했느냐가 외국유학의 성공과 실패가 좌우되는 것이다. 영어를 마스터하지 않고 유학을 가면 어차피 외국에 가서도 영어를 집중적으로 공부하지 않으면 안 된다. 집안의 경제력이 좋아서 아무것도 하지 않고 오로지 공부에 몰두할 수 있다면 가능할 수도 있다. 그렇지 않고 경제력이 빈약한 상태에서 영어를 공부하면서, 아르바이트도 하고, 유학을 성공적으로 끝마친다는 것은 매우 어렵다. 일단 현지에 가서 생존하는 것도 만만치 않다. 먹고 사는 것이 가장 중요한 문제로 대두되기 때문에 공부할 시간이 턱없이 부족하다. 생활비를 벌어 가면서 영어도 공부하고 학교 공부도 동시에 한다는 것은 거의 불가능하다고 보면 된다.

여러분이 경제적으로 여유가 없는 상황에서 외국유학을 결심했다면, 거의 비용이 거의 들지 않는 한국에서 먼저 영어를 마스터하고 유학을 가는 것이 바람직하다. 그렇지 않을 경우 외국에서 험난한 생활이 여러분 앞에 기다리게 된다. 과거에 한국유학생이 라면만 먹으면서 공부하다가 숨진 사건이 언론에 보도 된 적이 있다. 그러한 상황이 바로 여러분에게 닥칠 수가 있다. 그렇지 않으면 외국에서 인생을 하염없이 허송세월하게 된다. 나중에 아무것도 이루지 못한 채, 외국에서도 한국에서도 적응하지 못하는 국제 미아가 된다. 외국에서 무조건 오래 있다고 해서, 영어가 마스터가 되지 않는다는 사실을 분명히 인식해야 한다. 외국에서도 영어를 열심히 공부하지 않으면, 아무리 오래 있어도 영어마스터는 요원하다.

외국에 유학을 떠나기에 앞서 영어만은 한국에서 완전히 마스터하고 가면, 외국유학에서 아르바이트를 해가면서 유학생활을 성공적으로 마칠 수 있다. 물론 지금까지는 영어마스터가 매우 힘든 것으로 여러분은 생각하고 있을지도 모르겠다. 여러분이 이 책을 구해서 읽는 순간 영어마스터가 가능하다는 점을 분명하게 깨닫게 될 것이다. 그것도 오랜 기간이 아닌 단 1년 만에 영어를 마스터할 수 있는 획기적인 방법을 여러분은 이 책을 통해서 배울 수 있게 된다. 제대로 영어공부법을 모른다면 영어마스터는 소수계층의 전유물로 생각할 수도 있을 것이다. 그러나 기본영문법 정도만 확실히 알고, 고등학교 1~2학년 영어 교과서를 대충 해석할 정도의 젊은이라면, 누구나 1년만 열심히 노력하면 영어를 마스터할 수 있다. 필자가 그 방법을 이 책에서 분명하게 제시할 것이다. 유학가기 전에 1년 동안 영어를 공부해서 반드시 영어를 마스터한 후에 유학을 떠나라. 그러면 외국에서 어떠한 어려움도 이겨내고 유학생활을 성공적으로 마치고 한국으로 금의환향할 수 있게 된다.

6. 영어마스터는 가장 훌륭한 노후대비책이기도 하다

우리 젊은이들이 지금부터 생각해야 할 것은 자신의 노후에 어떻게 살아갈 것인가를 생각하는 것이다. 물론 2,30대인 여러분들에게는 노후는 먼 미래라고 생각될 수도 있을 것이다. 그러나 50대에는 자신의 노후를 준비하기에는 늦다는 사실을 명심하기 바란다. 앞으로 평균수명이 100세 이상이 된다고 한다. 60세에 은퇴한다고 가정했을 때 남은 인생이 40년 이상 남는다. 우리는 모두 그 긴 시간을 어떻게 생활할 것인가에 대해 연구하고 고민해야 한다.

자신의 노후는 30대부터 서서히 구상을 해야 한다. 자신이 직장에서 은퇴했을 경우 그 긴 시간을 무엇을 하면서 보내야 할 것인가를 항상 고민하고 준비해야 한다. 아무 준비 없이 노후를 맞이했다가는 낭패를 보기가 쉽다. 인생은 미리 준비하고 노력한 사람만이 행복하고 즐거운 인생을 보낼 수 있다. '어떻게 되겠지'라고 생각하다가 어느새 노후가 오게 된다. 그때는 이미 늦다. 그때부터 인생의 불행이 시작될 수도 있다. 요즘 신문에 장수가 재앙이 될 수 있다고 경고하는 신문기사가 심심치 않게 눈에 띈다. 그러한 것이 남의 이야기가 아닐 수 있다.

도대체 노후를 어떻게 보내야 할 것인가? 노후를 어떻게 보내는 것이 가장 바람직하고 좋을 것인가? 노후에 행복이란 무엇인가? 이러한 질문들에 대한 해답은 바로 자신이 회사를 퇴직하고 난 후에도 계속해서 사회에서 자신의 일을 하거나, 사회에서 활동해야 하는 것이다. 바로 그것이 노후의 행복을 갖다 줄 수 있다. 그것이 바로 노후를 행복하게 보내는 지름길이요, 바로 노후대비인 것이다. 다시 말해서 자신의 일이 있어야 한다는 말이다. 매일 할 일이 있는 것이 행복이다. 자신이 사회에서 완전히 퇴출되었을 때 그것이 불행의 시작이요, 노인이 되는 지름길이다. 나이가 100살 되어도 왕성하게 의사로 활동하는 사람이 있는가 하면, 나이가 겨우 60대임에도 불구하고 집에서 시간을 죽이는 노인들이 있다. 자신의 일이 없다는 것이 가장 큰 고역이다. 매일 산에 가고 매일 친구들과 노는 것이 좋을 것 같지만, 그것은 단 1년도 못가서 더 이상 재미가 없어진다는 것을 알아야 한다. 한마디로 일이 없으면 인생의 재미나 행복을 전혀 느끼지 못한다는 사실을 여러분은 명심해야 한다. 노후에 행복하게 살려면 반드시 자신의 일을 가져야 한다.

노후대비라는 것은 꼭 돈을 버는 것을 의미하는 것은 아니다. 돈은 둘째 문제다. 중요한 것은 은퇴했을 때 다시 사회에서 일할 수 없다는 것이 가장 큰 문제인 것이다. 나름대로 자신의 일이 있을 때 노후가 행복하고 즐겁다는 사실이다. 거기에 더하여 자신의 용돈이라도 번다면 더욱 금상첨화일 것이다. 노인이 되었을 때 남에게 손 안 벌리고 자신의 경제적인 생활까지 할 수 있다면 더 바랄 것이 없을 것이다. 요즘 젊은 사람도 일자리를 찾지 못하는 상황인 것을 보면, 미래에 노인들이 일을 갖는다는 것은 그리 쉬운 일이 아닐 것이다. 그렇기 때문에 젊은 시절부터 자신의 노후를 대비해야 할 필요성이 제기되는 것이다.

젊은 시절에 영어를 마스터하면 노후생활의 걱정은 안 해도 될 것이다. 영어를 완전하게 마스터했다고 가정해 보자. 훌륭한 영어실력을 이용해서 외국인들을 위한 봉사활동을 할 수 있을 것이다. 그동안 쌓은 영어실력과 수십 년간 사회생활을 통해서 얻은 경험을 살려서 얼마든지 일을 찾을 수도 있다. 외국인들을 대상으로 사업을 해서 죽을 때까지 자기 사업체를 경영할 수도 있을 것이다. 영어가 사업자본이기 때문에 크게 망할 일도 없다. 외국인들을 대상으로 나만의 차별화 전략을 갖고 사업을 할 수 있는 종류는 무궁무진하다. 또한 외국어를 이용해서 외국인들에게 한글을 가르쳐도 될 것이다. 젊을 때 외국인들과 많은 친교를 다져놓으면, 그들을 상대로 여러 가지 일을 할 수 있을 것이다. 현재 외국인들의 숫자가 140만 명이 넘어섰다고 한다. 앞으로 미래에는 더 많은 외국인들이 한국에 거주하게 될 것이다. 이들을 대상으로 노후에 얼마든지 다양한 일을 하고 봉사활동을 할 수 있을 것이다.

CHAPTER 02

영어는 젊은이라면
누구나 다 가능하다

English

1. 영어마스터가 왜 소수계층의 전유물이 되었는가

필자는 영어를 마스터한 사람들의 유형을 나름대로 5가지로 분류해 보았다.

1) 외국에서 생활했던 사람들

사람이 언어를 아주 손쉽게 배울 수 있는 시기는 유아기, 초등학교 시기, 중학교 시기이다. 이 시기들 중에서 나이가 어릴 때 영어를 접할수록 더 빨리 배운다. 어린이의 경우는 영어환경에 그냥 노출만 시켜도 그대로 배우게 된다. 전문가들은 언어습득의 가장 좋은 시기는 0세부터 12세까지라고 말한다. 그 이후는 언어를 배우는 능력이 점차 떨어지게 된다고 한다. 그래서 성인들이 언어를 가장 배우기가 어려운 것이다. 그 이유는 한국어가 이미 고정되어 있어서 영어를 받아들이는 데 여러 가지로 장애를 받기 때문이다. 대개 영어를 능숙하게 구사하는 사람들은 어릴 때 외국에서 생활했던 사람들이 아주 많다. 부모를 따라서 어린 시절에 외국에서 생활하면서 별 어려움 없이 영어를 배운 경우이다. 그들은 거의 대학도 외국에서 다닌다. 그들은 영어가 거의 모국어와 가깝기 때문에 오히려 영어로 말하는 것이 편리할 정도이다.

2) 어릴 때 외국에서 유학했던 경우

초등학교시기 혹은 중학교시기에 외국에 유학을 보내서 외국어를 배운 사람들이다. 우리가 보통 이야기하는 기러기 가족을 말한다. 부모는 자녀를 위해 희생하지만 그 덕분에 자녀들은 외국어를 쉽게 배우게 된다. 1년에 최소 수천만 원 이상이 유학에 관련된 비용으로 투자된다. 보통 중학교 시절에 가서 현지에서 고등학교, 대학교까지 가는 것이 보통이기 때문에 자녀의 유학비용으로 천문학적인 돈이 투자가 된다. 서민에게는 상상하기 어려운 형태임에 틀림없다. 필자가 아는 사람은 자녀의 대학 1년 유학비용으로 매년 1억씩 썼다고 필자에게 말하였다.

3) 어려서부터 부모가 자녀의 외국어 교육에 열과 성을 다했던 가정에서 자란 사람들

이 경우도 아이들이 영어를 잘하게 된다. 유아기 때부터 외국인이 가르치는 유아원에 보내 하루 종일 생활하게 만드는 것이다. 비록 외국에 유학을 보낸 것은 아니나 매달 수백만 원씩 영어교육에 투자하여 자녀를 외국에서 생활하는 것처럼 환경을 조성해 주는 경우이다. 어린이는 하루 종일 영어환경에 노출되면서 영어를 자연스럽게 배우게 된다. 유치원 그리고 초등학교 6년간 지속적으로 부모들이 자녀의 영어교육에 엄청나게 투자하기 때문에 자녀들은 영어를 잘할 수밖에 없다. 외국유학보다는 돈이 덜 들어가지만 한 아이에 1년에 영어교육비로 2~3천만 원 이상씩 지속적으로 투자한다. 보통 자녀에게 거의 하루 종일 외국인을 붙이는 경우도 심심치 않다.

4) 어려서부터 부모가 직접 전략적으로 치밀하게 지도한 경우

어릴 때 부모의 지도에 따라 영어를 배우고 영어공부를 좋아했던 자녀들이, 커서도 영어를 스스로 열심히 공부해서 영어를 마스터한 경우이다. 부모가 영어공부에 관심을 갖고 전략적으로 자녀에게 영어환경을 자연스럽게 유도하여 자녀들이 영어를 재밌게 배우고 즐긴 경우이다. 외국어를 손쉽게 배울 수 있는 어린 시기(4세~6세)에 영어공부를 시작하여 꾸준히 초등학교까지 영어공부를 유도한 경우이다. 대개 12살까지 부모가 잘 영어를 이끌어주면 거의 완벽하게 영어를 마스터하는 것이 가능하다. 집에서 부모가 지도하기 때문에 비용은 한 달에 수 만원에 불과하다. 이 방법은 우리 서민에게 가장 바람직하지만, 실제로는 부모가 영어에 탁월한 실력이 있어야만 가능한 것이기 때문에 이 역시 쉽지 않은 방법이다.

5) 영어를 너무 좋아해서 스스로 열심히 공부한 사람들

영어를 자녀가 너무 좋아해서 스스로 열심히 영어공부를 한 경우이다. 초등학교부터 대학에 이르기까지 오로지 영어 공부에 매진하여 영어를 마스터를 한 사람들이다. 다른 과목은 못해도 영어는 항상 점수가 좋다. 본인도 영어 공부하는 것이 너무 재밌고 즐겁기 때문에 열심히 공부를 하게 된다. 오로지 매일 영어에만 수 시간씩 투자하면서 영어공부에 매달린 사람들이다. 부모가 말려도 영어공부를 열심히 하는 스타일이다. 이 경우처럼 자녀가 알아서 어린 시절부터 혼자서 영어공부 몰두하는 학생은 소수에 불과하다. 여기에 해당되는 사람은 오랜 기간 동안 영어에 몰입하면서 스스로 영어를 마스터한 입지전적인 인물이라고 말할 수 있다. 이러한 사람들은 영어를 마스터하는 법을 잘 알지 못하였지만, 짧게는 5년에서 길게는 10년 가까이 자나 깨나 오로지 영어공부에 집중적으로 몰입하여, 결국 영어마스터를 성취한 사람들이다. 그야말로 형설지공으로 영어공부에 매진한 사람들이다. 일반 사람들이 쉽게 따라할 수 없는 패턴의 사람들이다.

위 5가지 경우가 대체로 영어를 마스터한 사람들의 유형이다. 영어를 마스터한 사람들의 대부분은 어릴 때 해외에서 생활하면서 원어민 수준으로 배운 경우다. 한마디로 하루 24시간 영어환경에 노출시켜서 자연스럽게 영어를 배우게 유도한 경우이다. 그리고 부모가 전략적으로 자녀가 어릴 때부터 영어를 전문적으로 지도하거나 본인 스스로 다년간 영어에 몰입한 사람들이다. 이러한 5가지 부류는 일반 젊은이들이 따라 하기가 매우 어렵다. 가정형편상 따라할 수 없을 뿐만 아니라 스스로가 오랜 기간을 영어에 몰입하는 경우도 쉽지 않은 일이기 때문이다. 일반적으로 서민자녀들은 영어마스터는 거의 꿈꾸기 어려운 일임에 틀림없다. 그래서 사회적으로 영어교육 때문에 많은 갈등이 쌓이게 된다. 정부는 이러한 빈부격차에 따른 영어격차를 해소하기 위해 여러 가지 제도와 정책을 시행하고 있다. 그러나 큰 효과를 보지 못하고 있다. 정부의 각종 제도와 정책이 실제적인 영어의 마스터가 아닌 영어시험의 점수 향상에 포커스가 맞춰져 있기 때문이다.

그러나 영어마스터가 위에서 언급한 소수계층만의 전유물이 되는 시대는 이제는 바뀌게 될 것이다. 앞으로는 영어마스터의 대중화시대가 도래할 것이기 때문이다. 또한 우리가 선진국으로 도약하기 위해서는 영어마스터의 대중화는 반드시 실현시켜야 한다. 일반 젊은이들도 고등학교의 기본영문법 정도의 실력만 갖췄다면, 경제력 여부와는 크게 상관없이 누구나 영어를 마스터할 수 있는 시대를 필자가 열게 될 것이다. 그것도 오랜 기간이 아닌 단 1년 만 영어에 전적으로 몰입하면 영어를 마스터할 수 있게 된다. 바로 이 책을 통해서 여러분은 그 노하우를 배우게 될 것이다. 필자는 고등학교 1, 2학년의 기본영문법만 확실하게 알고 있는 사람이라면 누구나 1년 만에 영어를 마스터할 수 있다는 점을 다시 한 번 강조한다.

2. 왜 대다수 한국의 젊은이들은 영어를 마스터하지 못해왔는가

한국의 대부분의 젊은이들은 왜 영어를 마스터하지 못하고 있는가? 우리 젊은이들이 영어공부에 수년간 아니 5년, 10년을 노력해도 왜 영어를 자신 있게 구사하지 못하는가. 그 이유는 영어공부의 목표가 영어마스터가 아니라 영어시험의 점수를 잘 따기 위한 것이었기 때문이다. 우리 학생들은 대부분 영어공부의 목표가 남보다 영어시험에서 한 문제라도 더 맞추려는 데 모든 초점을 맞추어왔다. 진정한 영어공부보다는 남에 의해 평가를 받기 위한 영어공부를 해왔다. 그러다 보니 진정한 영어실력을 기르는 데는 아무래도 소홀할 수밖에 없었다. 특히 고등학교에서 영어교육은 대학입학을 위한 수능고득점을 목표로 영어교육이 이루어지고 있다. 어떻게 하면 수능영어시험에서 고득점을 받을 수 있느냐에 사활을 건다. 남보다 한 문제라도 더 풀기 위해 수단과 요령을 가르치는데 초점이 맞춰지고 있다.

영어점수로 대학입학의 당락이 결정되는 입시제도의 상황에서는 당연히 그럴 수밖에 없을 것이다. 어떤 면에서 고등학교 영어교육 방식이 영어마스터에 반드시 부정적인 것만은 아니다. 고등학교 영어교육 내용이 영어를 마스터하는 데 기초를 다지는 측면이 있기 때문이다. 그러나 대학생들은 이제 영어공부 방법을 독자적으로 방향을 바꿔야 한다. 진정으로 사회가 원하는 방향으로 바꾸는 대 결단을 내려야한다. 과연 대학생들의 영어공부 방법이 달라졌는가? 그 대답은 역시 부정적이다. 대학생들 역시 토익, 토플, 오픽, 텝스 등으로 명칭만 바뀐 점수 따기 공부에 올인 하고 있는 실정이다. 참으로 안타깝기 그지없다. 그러한 방향 역시 영어마스터의 방향과는 맞지 않는 것이기 때문이다. 사회는 실질적으로 영어를 마스터한 사람을 원하지만, 젊은이들은 고등학생들과 마찬가지로 영어시험 점수에 목을 매고 있다. 즉 영어공부의 목표가 영어마스터가 아닌 영어스펙을 쌓기 위한 방향으로 가고 있다. 그것이 바로 우리 젊은이들이 영어를 마스터하지 못하는 가장 큰 이유인 것이다.

젊은이들은 진정한 영어실력을 쌓는 것이 어떤 것인지 모른다. 오로지 스펙 쌓기에 여념이 없다. 모든 학생들이 토익점수에 올인 하고 있다. 그로인해서 덕을 보는 것은 강남의 영어 학원들이다. 그리고 학원에서 토익을 가르치는 강사들의 배만 불리고 있는 실정이다. 그러나 토익점수를 올린다 하더라도 그것이 영어마스터하고 거의 상관이 없다는 사실을 아는 젊은이들은 거의 없다. 토익점수가 높으면 자신이 영어실력이 우수하다고 착각하고 있는 것이다. 필자는 토익점수보다는 오히려 진정한 영어마스터에 도전하라고 강력하게 권한다. 입사시험에 제출하는 영어점수보다는 진정한 영어실력을 쌓아서 세계를 무대로 자신의 꿈을 펼치는 그러한 사람이 되라고 말하고 싶다. 당장 눈앞에 이익보다는 보다 먼 미래를 생각하면,

반드시 영어마스터가 필요하다는 점을 깨닫게 된다. 토익점수는 영어를 마스터한 다음에라도 늦지 않다. 토익은 영어를 마스터한 후에 2~3개월 공부해서 적당하게 점수를 따는 것만으로 충분하다.

회사에 입사하기 위해 스펙을 쌓기 위해 마지못해 영어를 공부하지 말고, 큰 꿈을 갖고 영어마스터에 힘써라. 먼 미래를 생각하면 진정한 영어실력이 더 중요하다는 점을 깨닫게 된다. 영어를 마스터한다면 세계가 여러분의 것이고, 엄청난 성공의 기회를 얼마든지 잡을 수 있다. 영어를 마스터하면 세상이 내 것이다. 내가 이 세상을 요리하게 된다. 얼마나 멋진 일인가. 자신이 영어를 마스터했다고 상상해 보자. 이 세상에서 무서울 것이 있겠는가. 그러나 지금까지 수많은 한국의 젊은이들이 영어 공부에 매진했지만, 영어를 마스터하기는 매우 어려웠다. 그 이유는 그들이 영어공부에 시간을 덜 투입했기 때문이 아니라, 영어공부를 제대로 하는 방법을 몰랐기 때문이다. 그리고 그 누구도 영어마스터 방법을 제대로 제시해주지 않았기 때문이다. 영어를 마스터한 사람들조차도 어떻게 해야 영어를 마스터할 수 있는지를 잘 알지 못했다. 그래서 그들이 보통 하는 이야기는 "오랫동안 끈질기게 밤낮으로 열심히 영어를 공부하다 보면 나중에 마스터 한다"는 뜬구름 잡는 이야기만 하고 있는 것이다.

누군가가 영어를 마스터할 수 있는 가장 효율적이고 체계적인 방법을 제시했다면, 많은 한국의 젊은이들이 단기간에 쉽게 영어를 정복했을 것이다. 다른 나라는 우리보다 훨씬 영어구사력이 더 낫다. 이를 어떻게 설명할 것인가? 우리 한국 학생들이 영어를 덜 공부했다는 것은 도저히 이해가 되지 않는다. 그 이유는 한국의 교육열은 그야말로 세계에서 알아주기 때문이다. 여기에 우리 영어공부에 대한 의문점을 갖게 되는 것은 너무나도 자연스러운 일이다. 그 의문에 대한 해답은 한국 학생들이 영어공부에 노력을 덜 한 것이 아니라, 영어공부 방법에 문제가 있었던 것이다. 우리는 여태까지 오로지 시험점수를 위한 영어공부를 해왔기 때문에, 진짜 사회에서 요구하는 영어마스터를 할 수가 없었던 것이다.

3. 영어마스터는 과연 불가능한 일인가

　영어마스터란 무엇인가? 먼저 이 질문에 대한 명확한 정의를 내리는 것이 우리에게 매우 중요하다. 사실 언어를 그것도 모국어가 아닌 외국어를 100% 마스터한다는 것은 객관적으로 보면 불가능하다. 어느 날 필자에게 어떤 분이 전화로 저에게 질문하였다. "자신이 영어 박사학위까지 받은 사람인데, 어떻게 1년 만에 영어마스터가 가능한가? 자신은 도저히 이해가 되지 않는다"라고 필자에게 질문하였다. 필자는 자신 있게 가능하다고 그분에게 대답했다. 그분은 필자의 대답에 상당히 놀라는 눈치였다.

　여러분이 큰 도서관에 가면 영어대사전을 만날 수 있다. 그 대사전에 수록된 단어 수는 약 50만 개의 단어가 수록되어 있다. 아마 평생 이 사전에 나온 단어만 다 외우려고 노력해도 불가능할 것이다. 그럼 영어를 모국어로 하는 일반적인 미국인들은 그 단어를 다 알고 생활하고 있을까? 대답은 물어보나마나 No일 것이다. 그 이유는 우리 한국 사람들을 역으로 분석해보면 금방 알 수 있기 때문이다. 보통 한국인들은 국어대사전이 아닌 포켓용 소사전의 단어를 100%로 다 알고 있을까? 당연히 No이다. 모르는 단어가 한 페이지에 몇 개씩 심심치 않게 나올 것이다. 여러분이 이것에 대해 의심이

간다면 당장 국어소사전을 펼쳐봐라. 우리가 얼마나 우리 단어에 대해서 모르고 있는지 금방 느끼게 될 것이다.

우리는 국어대사전이 아닌 포켓용 소사전에 나와 있는 단어조차도 100% 그 의미를 다 알고 있지 못하는 경우가 대부분이다. 그렇다고 해서 사회생활에 큰 지장이 있는가? 또한 다른 사람과 대화하는 데 큰 어려움을 느끼고 있는가? 한국어 때문에 여러분은 일상적으로 업무를 보거나, 보고서를 쓰거나, 혹은 다른 사람과 사교생활을 하는데 큰 어려움을 느끼고 있는가? 대부분 우리는 크게 어려움이 없다고 말할 것이다. 우리는 여기서 한 가지 사실을 알게 된다. 우리가 일상생활을 하면서 사용하는 단어의 수는 극히 제한되어 있다는 사실이다. 우리가 모든 어휘를 다 알지 못한다 하더라도, 일상생활에서 다른 사람과 어울려서 의사소통하는 데 큰 어려움이 없다. 다시 말해 우리는 사회생활을 하는데 있어 제한적인 어휘만 반복해서 사용하기 때문에 많은 단어를 모른다 하더라도, 사회생활을 영위하는데 크게 불편하지 않다. 더군다나 특정한 업무로 국한해 보면 쓰는 단어나 어휘의 수는 더욱 제한적이 될 것이다. 여기서 우리는 영어마스터의 가능성에 대한 중요한 해결의 실마리를 얻게 된다.

우리가 외국인들과 함께 일한다고 가정했을 때, 실제로 쓰는 영어의 어휘의 수는 매우 제한적일 것이다. 이러한 사실을 인정한다면 우리가 영어를 마스터한다는 것이 불가능한 일이 아니라는 것을 알게 된다. 왜냐하면 우리가 사회생활을 하는데 쓰는 단어의 수가 제한적인 것처럼 영어 역시 마찬가지이기 때문이다. 잘 생각해 보라. 우리가 일상생활에서 쓰는 단어의 수가 얼마나 많겠는가? 그렇게 많지 않다. 문장의 경우에서도 수천문장의 패턴만 알고 있으면 그때그때 상황에 따라서 단어만 바꿔서 대화를 하면 된다. 일반적으로 많이 쓰이는 영어 수천문장의 패턴만 암기한다면, 얼마든지 자신이 원하는 내용을 영어로 자유자재로 말하고 쓸 수 있다. 여기에다 자신의 전문분야의 업무에서 사용되는 단어만 1~2천 개 추가하면 완벽하게 외국인과 의사소통하고 영어로 업무를 보는 데 거의 불편함이 없다.

영어를 왜 배우는가? 영어를 배우는 목적은 무엇인가? 영어를 구체적으로 어디에서 활용할 것인가? 여기에 대한 명확한 해답을 찾는다면 우리가 필요한 영어의 어휘의 수는 매우 제한적이라는 사실을 금방 알 수 있게 된다. 또한 우리가 미국인이 구사하는 모든 단어나 어휘를 다 알 필요는 없다는 결론에 도달하게 된다. 우리 모두가 영어언어학자가 되기로 목표를 정하지 않는다면 더욱 그렇다. 우리는 미래에 어떤 한 분야에서 활동하게 된다. 의사는 의료분야에서 활동하게 된다. 그렇다면 의사가 공학, 건축학, 지리학, 천문학, 심리학, 교육학, 철학, 경영학, 역사학 등의 모든 전문용어들을 다알 필요는 없는 것이다. 평생 자신의 활동분야인 의료분야에 관한 단어나 어휘만 알면 충분하다. 그러므로 우리가 외국어를 배울 때 자신이 미래에 활동하게 될 분야에서 필요한 어휘만 배우면 충분하다는 것을 우리는 알 수 있다.

당신이 장래의 목표가 호텔분야에서 국제적으로 활약하는 것이라고 가정해보자. 마찬가지로 당신이 호텔근무에서 필요한 영어의 단어의 양은 역시 매우 제한적일 것이다. 그러므로 당신이 일반적으로 많이 쓰이는 영어 수천문장을 암기하고 여기에 덧붙여 당신의 전문분야인 호텔에서 사용하는 전문용어 1~2천 개의 단어만 완벽하게 마스터하면, 당신이 평생 국제적으로 호텔업계에 종사하는데 전혀 문제가 없을 것이다. 그러므로 특수한 경우를 제외하고 누구나 수천문장의 패턴만 암기하면, 자신의 분야에서 평생 영어를 유창하게 사용하면서 외국인과 함께 일하는데 전혀 불편함이 없을 것이다.

우리는 누구나 어떤 한 분야에서 종사하면서 인생을 살게 되는 것이 보통이다. 의사가 되었다가, 변호사가 되었다가, 생물학자가 되었다가, 비행기조종사가 되지는 않는다. 특수한 경우를 빼놓고 대개 한 분야에서 종사하다가 우리는 은퇴를 하게 된다. 그러므로 영어를 마스터해서 어느 분야든지 외국인과 어울려서 생활하고 업무를 진행하는 것이 도전 불가능한 난공불락의 요새가 아니라는 것을 우리는 알 수 있다. 설사 5년마다 새로운 분야로 전문분야를 바꾼다 할지라도 크게 어려움이 없이 적응할 수 있다. 새로운 분야에서 전문적으로 사용되는 어휘는 많아야 1~2천 개 미만이다. 이 새로운 어휘만 파악하다면 아무리 자신의 분야가 바뀐다 하더라도 2~3개월이면 적응해서 업무를 볼 수 있게 된다. 여기서 우리는 영어마스터에 대한 가능성에 대한 희망을 엿볼 수 있다. 필자는 영어마스터가 충분히 가능하며, 그것도 외국이 아닌 한국에서 단기간에 가능하다는 사실을 분명하게 역설하고 싶은 것이다. 물론 필자가 주장한 영어마스터 공부법에 따라서 한다면 말이다.

영어마스터에서 중요한 것은 영어마스터가 무엇을 의미하느냐이다. 필자가 말하는 **'영어마스터라는 것은 자신이 하고 싶은 이야기를 자유자재로 영어로 말 할 수 있고, 그리고 자신이 쓰고 싶은 글을 영어로 자유자재로 쓸 수 있는 능력이라고 정의한다.'** 즉 사회에서 요구하는 실제적인 영어실력을 지니는 것을 말한다. 외국인과 자유롭게 영어로 대화하고 영어로 보고서를 능숙하게 작성하는 수준을 말하는 것이다. 이것이 영어마스터가 지향하는 궁극적인 목표인 것이다.

위에서 언급한 목표를 달성하기 위해서는 다음 조건이 필수적이다. 즉 어떠한 문장도 즉석에서 만들어내기 위해 자신의 머릿속에 기본적인 영어 문장의 패턴을 대부분 저장하고 있어야 한다는 사실이다. 호주에서 활동 중인 영어전문가인 한국인 휴박은 "기본적이면서 가장 많이 쓰이는 5천 문장만 완벽하게 암기하면 영어는 충분하다"라고 주장하고 있다. 이 주장에 필자도 전적으로 동감한다. 여러분이 영어마스터를 달성하고 싶다면 **'영어 5천 문장을 완벽하게 암기하는 것을 목표'**로 하라고 강조하고 싶다. 거기에 자신의 전문분야의 전문용어만 덧붙이면 완벽하게 해외에서 어떤 분야든 업무를 자신 있게 수행하고, 외국인과 일할 수 있다는 사실이다. 영어마스터의 토대가 되는 5천 개의 기본 문장을 정확이 자신의 것으로 한 다음, 자신의 전문분야의 어휘를 추가로 1000개~2000개 정도만 외우면 영어마스터가 끝난다. 이것이 바로 필자가 주장하는 영어마스터의 가장 중요한 핵심 이론인 것이다.

자신이 외국유학을 갈 예정이든, 외국기업에서 취업을 하든, 외국인을 상대로 비즈니스를 할 예정이든 간에, 영어마스터에서 가장 중요한 핵심은 바로 5천 개의 영어문장의 패턴을 완전히 암기하는 것이다. 그렇게 되면 여러분은 어느 분야에서든지 외국인과 같이 생활하면서 소통하고, 지식을 습득하고, 각종 업무를 큰 무리 없이 진행할 수 있는 것이다.

4. 영어에 1년만 완전히 미쳐라

영어를 마스터하기 위해서 반드시 1년이라는 시간이 필요하다. 일반적으로 수년간 혹은 10년을 노력해도 영어를 마스터하기란 어렵다. 사실상 평생을 노력해도 영어를 마스터하기란 쉬운 일이 아니다. 이미 영어를 마스터한 사람들도 특별한 경우를 빼놓고는 영어를 마스터하기 전까지 수년간 영어공부에 몰입한 경우가 대부분이다. 그렇기 때문에 자신이 한 노력이 너무도 힘들기 때문에 영어 마스터 방법을 남에게 쉽게 권할 수가 없었다.

예를 들어 영어회화 분야에서 이름을 떨치고 있는 곽영일 씨의 경우를 보자. 그분은 고등학교 때부터 영어에 몰입해서 공부하였고 대학 4년간을 오로지 영어공부에만 전념했던 사람이다. 그는 오로지 영어공부에만 온 힘을 쏟았기 때문에 영어 이외에는 다른 것은 거의 아는 게 없었다. 그래서 자신은 "일반기업에 취직시험도 볼 수 없었다"고 말하고 있다. 그는 "자신이 할 수 있는 것은 오로지 영어밖에 없었다"라고 자신의 저서에서 밝히고 있다. 그분은 그 정도로 영어에 몰입했기 때문에 영어를 나름대로 마스터 경지에 올랐다고 말할 수 있겠다. 그러나 모든 사람들이 오랜 기간 동안 영어에 몰입해서 공부하기란 쉬운 일이 아니다. 그래서 남에게 자신의 영어 마스터 공부 방법을 자신 있게 권할 수가 없는 것이다.

영어를 마스터한 대부분의 사람들은 모두 다년간 영어공부에 온 힘을 쏟았기 때문에 영어의 달인이 되었다. 다시 영어전문가인 휴박의 예를 들어보자. 그는 영어 학도들에게 매우 인기 있는 유명인사로 알려져 있다. 현재 영어와 관련해서 호주에서 다방면으로 활약하고 있는 그도 초기에는 영어 때문에 엄청 고생을 했다고 한다. 그는 영어를 정복하지 않으면 절대 한국에 돌아가지 않겠다는 굳은 각오를 한 후, 영어에 매달렸다고 한다. 그는 호주에 유학을 가서 수년간 피나는 노력을 했어도 영어를 마스터하는 것이 쉽지 않았다고 실토했다. 그 만큼 영어마스터는 한국인들에게 멀고도 험한 길임에 틀림없다. 지금까지 영어 마스터 방법에 대한 책을 우리는 거의 볼 수가 없었다. 소수의 사람들이 각고의 노력 끝에 결국 영어를 마스터 했지만 선뜻 남에게 자신의 공부법을 자신 있게 권할 수가 없었다. 그 이유는 자신이 공부한 방법을 일반인들이 따라서 하기에는 너무나도 힘들기 때문이다. 필자는 4년 동안 오로지 영어에 몰두해서 공부하면 누구나 영어를 마스터할 수 있다는 사실을 안다하더라도 이를 책으로 쓰지는 않을 것이다. 왜냐하면 그 정도 노력이라면 차라리 자신에게 맞는 분야에서 노력해서 얼마든지 영어가 아니더라도 다른 분야에서도 크게 성공할 수 있다고 생각하기 때문이다.

필자가 영어를 마스터하기 위해서는 반드시 1년을 투자해야 한다는 점을 밝힌다. 1년간 영어에 완전히 몰입해서 공부를 해야 한다. 3년도 2년도 아닌 바로 1년만 영어에 몰두해서 공부하자는 말이다. 그 정도도 못하겠다면 필자는 여러분에게 영어 마스터가 어렵다는 점을 분명히 말씀드린다. 세상은 반드시 노력을 해야 그 결과를 얻을 수 있다. 별로 노력도 하지 않고 결과를 기대하는 것은 도둑놈이나 사기꾼 심보다. 필자는 영어마스터가 1년간 완전히 영어에 몰입해서 공부했을 때 가능하다는 점을 재차 강조한다. 이 방법은 앞서 영어를 마스터한 사람들이 수년간 노력한 것을 최대한 시간을 단축시켰다는 점에서 큰 의미가 있는 것이다. 1년 정도만 노력해서 영어마스터를 성공한다면 누구나 한번 도전할 만한 것이기 때문이다.

1년간 매일 하루에 8시간씩 영어에 몰두해서 공부하면 영어를 마스터하는 것이 가능하다. 단 고등학교 기본영문법 정도는 알고 있어야 한다는 점을 밝힌다. 필자가 이야기하는 기본영문법이라는 것은 예를 들면 성문기본영어 정도의 수준을 말한다. 영어마스터 공부를 시작하기 위한 전제조건으로서 고등학교 1학년이 보는 정도의 기본영문법을 반드시 알고 시작해야 한다는 점이다.

영어공부에서 가장 중요한 것이 바로 기본영문법을 완벽하게 아는 것이다. 그래야만 영어마스터를 위한 공부를 시작할 수 있다. 기본영문법을 제대로 알지 못한다면 영어의 어떠한 것도 제대로 배울 수가 없다. 영어회화, 독해, 듣기, 영작 등 모든 영어공부의 기본 전제 조건은 기본영문법을 아는 것이다. 대부분 고등학교를 졸업한 사람들이라면 고등학교의 기본영문법 정도는 다 알고 있다. 혹시 기본영문법을 잘 모른다면 먼저 기본영문법을 완전히 익힌 후에 영어마스터에 도전을 해야 한다.

CHAPTER 03

기존의 영어공부에 대한 사고방식을 과감히 바꿔라

English

1. 토익, 토플 공부에 목매지 마라

토익, 토플 공부는 점수를 따기 위한 공부이다. 그러므로 그러한 공부는 진정한 영어공부가 아니다. 토익, 토플 등 각종 시험에 대비해서 영어를 공부하는 것은 영어마스터와 크게 상관없다. 한마디로 시간 낭비라고 말할 수 있다. 많은 젊은이들이 좋은 스펙을 쌓기 위해서 토익, 토플시험에 올인 하고 있는 것이 매우 안타깝다. 필자는 토익, 토플시험에 대비하지 말고 진정한 영어공부에 힘써야 한다고 믿는다. 남이 다 한다고 해서 반드시 그 길이 옳은 길은 아니다.

왜 우리는 토익, 토플공부를 하지 말아야 하는가? 거의 대부분의 기업에서 입사시험으로 토익점수를 요구한다는 것을 모르는 바는 아니다. 그럼에도 불구하고 필자는 젊은이들이 토익이나 토플 점수에 매달리는 것은 바람직하지 않다고 생각한다. 오히려 토익, 토플 점수에 매달리기보다는 진정으로 사회에 나가서 써먹을 수 있는 실전영어를 공부해야 한다고 생각한다. 인생을 멀리보고 진정으로 나에게 도움이 되는 공부를 해야 한다. 토익, 토플점수는 단지 회사에 입사하는 것에 초점을 맞춘 것이다. 그러나 입사 후에 진정으로 실제적인 영어실력이 요구되는 상황에서는 크게 미흡하게 된다. 그리고 평생 영어 때문에 고생이 시작된다. 실전영어는 소홀히 하고 오로지 점수 따기 위한 공부에 전념했기 때문이다.

일반적으로 영어를 집중적으로 공부할 수 있는 시기는 인생에서 젊을 때뿐이다. 사회에 나가면 영어를 매일 한 시간씩 공부하는 것도 쉬운 일이 아니다. 더군다나 영어마스터 공부는 꿈도 꿀 수 없다. 그렇기 때문에 영어마스터 공부를 할 수 있는 시기는 사회에 진출하기 전이 적기인 것이다. 인생에서 영어를 공부할 수 있는 가장 중요한 시기에 단지 입사시험에 필요한 점수 따기 공부만 해서야 되겠는가? 똑같은 노력을 들여 영어시험 점수 획득이 아니라 영어 마스터를 목표로 공부한다면, 자신의 인생의 기회가 수십 배 더 많아지고 자신을 무한히 성장시킬 수 있다.

젊은이들은 항상 일반적인 사회현상에 대해 의문을 품어야 한다. 과연 그것이 옳고 최선의 길인가? 다른 길은 없는가? 남이 다한다고 해서 무조건 같이 따라가지 말아야 한다. 남이 가지 않은 길을 가도록 항상 노력해야 한다. 영어도 마찬가지다. 입사시험에 초점을 맞춘 영어공부는 한마디로 돈과 시간 낭비라는 사실이다. 대충 영어점수는 획득했다하더라도 실제 사회에서는 실전적으로 써먹을 수 있는 영어 구사력과 영작 실력은 크게 늘지 않는다. 다시 말해서 토익이나 토플점수는 기업 등에서 편의상 수많은 사람들의 영어 실력을 가장 간단하고 편리하게 평가할 수 있는 객관적인 증빙으로서 무난하게 이용되는 수단일 뿐이다. 토익이나 토플점수는 실제 영어구사력과는 별개라는 사실을 명심해야 한다.

  물론 토익이나 토플점수를 높이기 위해 공부한다고 해서 전혀 영
어실력의 향상이 안 된다는 얘기는 아니다. 어느 정도 영어실력은
향상된다. 그러나 토익이나 토플 공부로 결코 영어를 마스터 할 수
는 없다. 그 이유는 토익, 토플이 영어로 외국인과 자유자재로 대화
하고, 이메일을 주고받고, 자유자재로 쓰고 싶은 글을 쓸 수 있는
능력을 보장해 주지 않기 때문이다. 다시 한 번 강조하지만 토익, 토
플시험 공부로는 절대 영어마스터가 불가능하다는 점을 인식해야
한다. 그렇기 때문에 토익, 토플시험 공부를 하는 대신에 영어마스
터 공부를 하라는 것이다. 한 번 영어를 마스터하면 평생 영어 때
문에 고생을 할 필요가 없다. 그리고 영어마스터를 하면 미래는 장
밋빛으로 물들게 될 것이다.

  앞으로 기업에서는 영어로 회의하고 영어로 보고서를 쓰게 될 수
도 있다는 사실을 여러분은 예상해야만 한다. 지금 전 세계의 젊은
이들이 삼성 등 한국 대기업에 입사하여, 한국의 젊은이들과 함께
일하고 있다. 앞으로 우리나라 대기업은 완전히 세계적인 글로벌 회
사가 될 것이다. 모든 공문이 세계 공용어인 영어를 사용해서 직원
들에게 배포될지도 모른다. 더 나아가 정부의 모든 공문에서도 영
어를 도입하게 될지도 모른다. 우리나라가 선진국에 더 가까이 갈
수록 영어의 사용 비율은 더욱 높아질 것이다. 우리나라가 선진국
을 지향하는 이상 영어의 확대 사용은 필연적이다. 이러한 시대의

흐름에 맞추어 대학에서도 학생들에게 영어공부를 가장 많이 장려하고 있다. 대학졸업의 요건으로 반드시 일정 수준의 영어실력을 갖출 것을 요구하고 있다. 따라서 우리 젊은이들이 이러한 미래의 추세에 대비하기 위한 유일한 방법은 실제적인 영어를 마스터하는 것이다.

2. 외국인에게 영어 회화를 배우지 마라

우리는 영어회화를 외국인에게 배울 수 있다고 착각한다. 물론 외국인에게 영어회화를 전혀 배우지 못한다는 것은 아니다. 어느 정도 영어회화를 배우는데 도움이 되지만 그것은 영어회화에 맛을 들일 때 처음 2~3달 정도이다. 초기에 자신이 아는 문장을 외국인에게 말해보면서 외국인과 대화를 나누었다는 사실 자체에 쾌감을 느끼게 된다. 어느 정도 기초적인 표현을 외국인에게 말하는 것에 많은 재미를 느끼게 되지만, 2~3달 지나면서 더 이상 진전은 없다는 사실을 깨닫게 된다. 문제는 이제 더 이상 할 이야기가 없다는 사실이다. 일상적인 간단한 대화의 수준을 넘어서 자유자재로 자신의 의사를 표현하기 위해서는 더 많은 표현을 알고 있어야 한다. 그러나 현실은 그렇지 못하다. 본인 스스로가 자신이 활용할 수 있는 영어표현이 너무나도 빈약하다는 점을 느끼게 된다. 본인이 영어를 본격적으로 더 공부하지 않고서는 영어회화의 수준을 전혀 업그레이드 할 수 없다는 사실을 스스로 절감하게 되는 순간이다.

내가 아는 분은 1년간 원어민선생을 데려다가 소수그룹으로 영어회화를 배웠다고 했다. 그분은 기본적인 표현은 할 수 있었지만 그 이상은 전혀 늘지 않게 되었다고 한다. 그리고 처음에 못 알아들었던 것이 좀 알아듣게 된 것이 전부라고 한다. 그분은 "항상 영어로 말하는 것이 쉽지 않다"고 말한다. 여기서 우리는 영어를 원어민에게 배우는 것이 얼마나 효과적인 것인가에 대해 의문을 품지 않을 수 없다. 사실상 스스로 영어실력을 쌓지 않는 한 영어회화를 원어민에게 배운다 하더라도 크게 늘지 않는다. 어떻게 보면 그것은 시간과 돈의 낭비인 것이다.

혼자서 영어자체를 열심히 공부를 해야 영어회화를 잘할 수 있다는 사실을 절실하게 깨달아야 한다. 영어회화를 수준 높게 구사하기 위해서는, 외국인에게서 영어회화를 공부하는 것보다 오히려 영어회화에 필요한 문법과 많은 영어문장들을 공부하고 외우는 노력을 하는 것이 더 요구된다. 이러한 공부를 열심히 하기 위해 외국인을 만날 시간은 사실상 없다. 스스로 더 많은 영어단어와 숙어를 공부하지 않으면 안 된다. 그리고 문장패턴에 대해 많은 지식이 필요하다. 아울러 영어를 이해하기 위해서는 해석하는 능력을 크게 향상시켜야 한다. 탄탄한 기본영문법 지식을 갖추고 있어야 한다. 영어회화를 잘하기 위해서는 영어 자체를 열심히 공부하는 것이 매우 중요하다. 더 많은 영어표현을 부지런히 배우고 익히는 노력을 해야 한다. 영어회화 시간은 영어회화를 외국인에게 배우는 것이 아니라, 자신의 머릿속에 기억하고 있는 영어문장을 외국인에게 말해보는 기회를 갖는 것뿐이다. 즉 이미 자신이 알고 있는 영어회화 문장을 실제로 소리를 내서 실습해 보는 것이다.

영어공부가 상당 수준에 오른 사람이 외국인에게 회화를 연습하는 것은 좋다. 그러나 실력이 없는 사람이 외국인에게 영어회화를 배우는 것은 한마디로 난센스다. 영어실력이 전혀 없는 초보자들은 특히 한국인 선생에게 기초 영문법, 발음, 해석하는 요령, 기타 영어 전반에 대해 배우면서 영어회화를 공부해야 한다. 초보자들에게 영어회화를 가장 잘 가르칠 수 있는 사람은 영어 원어민이 아니라 한국인 영어선생님들이다. 왜냐하면 한국선생님들이 한국말로 영어회화를 가장 설명해 줄 수 있기 때문이다. 물론 원어민이나 외국에서 살다온 교포만큼은 능숙하게 영어를 능숙하게 구사하지 못하는 점은 있을 수 있겠지만, 그러한 점은 크게 문제가 안 된다. 왜냐하면 보통 영어회화를 배우는 수준이 최고급 수준이 아니기 때문이다. 또한 최고급 영어회화는 혼자 스스로 공부해서 배우는 것이지, 남에게 배울 필요가 없다. 서점에 가서 고급영어 회화 책을 사다가 혼자서 그 책 전부를 암기하면 된다. 굳이 돈을 들여가면서 고급영어를 배우기 위해 영어 학원을 다닐 필요는 없는 것이다.

우리의 시야를 이번에는 북한으로 돌려보자. 미국 대학생들에게 영어를 가르치고 있는 한 유명한 재미 교포 영어전문가에 따르면 "북한 사람들의 영어회화수준은 우리 한국 사람이나 일본 사람보다 더 훌륭하다"고 말했다. 그는 "가끔 외국인과 인터뷰하는 북한 대학생들이나 북한 외교관들은 대부분 유창한 영어를 구사한다"고 주장했다. 필자는 북한이 우리나라처럼 모든 학교에서 한두 명씩 미국인이나 기타 영어를 모국어로 사용하는 원어민을 선생으로 데려다가 학생들에게 가르치고 있다는 이야기를 결코 들어 본 적이 없다. 그리고 우리나라처럼 자녀가 초중학교 시기에 미국이나 기타 영어권으로 자녀를 유학 보낸다는 이야기를 들어 본 적이 없다. 그런데도 그들은 영어를 어떻게 그렇게 잘 구사하는가. 여기서 우리는 영어회화를 굳이 외국인에게서 배울 필요가 없다는 사실을 쉽게 알 수 있다. 오히려 한국선생님으로부터 배우는 것이 영어회화를 더 알차게 배울 수 있다.

또 하나의 예를 들어보자. 유명한 영어전문가이신 정철선생님이 젊었을 때 영어회화에 대한 자신의 경험을 책에서 밝혔다. 하루는 친구가 외국인 친구와 함께 나왔다. 그 친구는 외국인과 영어를 자유롭게 주고받았다. 친구가 외국인과 영어로 자유롭게 말하는 것을 보고 부러움을 느낀 정철선생님은 혼자서 집에서 영어회화 책을 구해다가 달달 외웠다고 한다. 그리고 난 후 그 친구와 외국인을 다시 만나게 되었다. 그때 정철선생님은 회화 책을 달달 외운 것을 바탕으로 외국인과 유창하게 영어로 대화를 나눌 수 있었다. 자신보다 더 유창하게 영어로 외국인과 말하는 것을 본 친구는 깜짝 놀랐다고 한다. 영어회화 학원도 다니지 않고 영어회화를 자신보다 잘 구사하는 것을 보고 친구가 충격을 받았다고 한다.

필자도 젊은 시절에 파고다 학원에서 외국인 영어회화를 2~3달 다닌 경험이 있다. 필자는 영어회화 책의 문장을 여러 번 반복해서 읽어 거의 암기하다시피 하였다. 그렇게 하자 수업시간에 남보다 뛰어나게 영어를 말할 수 있었다. 다른 학생들은 영어회화문장을 외우지 않고 수업시간에만 외국인 선생을 따라서 하기 때문에 말하는 것이 매우 서툴렀다. 그러다 보니 다른 학생들은 영어를 말하는데 자신감이 없었다. 그리고 가급적이면 입을 열지 않았다. 필자만 혼자서 영어로 외국인 선생과 말하자 외국인 선생이 매우 난처한 표정을 지었다. 필자는 2~3개월 후 더 이상 영어회화를 배울 필요가 없다고 느꼈다. 영어를 잘 구사하기 위해서는 영어 자체를 더 열심히 공부해야 한다고 느꼈기 때문이다. 필자는 영어회화 학원 다니면서 느낀 점은 외국인과 영어로 대화하는 것이 별것 아니라는 것이었다. 그리고 영어회화를 더 잘하기 위해서는 혼자서 영어공부를 더 열심히 하는 것이 중요하다고 생각했다.

그럼 원어민 영어 회회학원은 언제 다니는 것이 좋은가. 바로 혼자서 영어회화 공부를 다 마친 후에 자신의 실력을 테스트 해 볼 겸 그때 다니는 것이 좋다. 그러나 영어회화 표현을 다 배웠기 때문에 군이 학원에 다니지 않아도 된다. 직접 외국인 친구를 사귀거나 현업에 종사하면서 자신의 실력을 테스트해보거나 활용하면 된다. 보통 외국인 회화학원의 수업풍경은 회화를 잘하는 사람이 혼자서 독판 외국인 선생과 대화를 한다. 나머지 사람은 주눅들은 상태에서 입을 꾹 다물고 있다. 영어회화 시간에 꿀 먹은 벙어리처럼 입을 다물고 있는 사람들은 학원에서 영어회화를 배울 수 있다고 착각하고 앉아 있는 사람들이다.

영어회화 시간에 자신도 외국인 선생과 대화를 나누기 위해서는, 먼저 자신이 집에서 혼자서 영어문장의 패턴을 이해하고, 이어서 문장을 해석하고 난 후, 그 문장을 수십 번 읽어서 암기를 해야 한다는 사실을 깨달아야 한다. 영어학원은 외국인한테 영어회화를 배우는 것이 아니라, 자신이 스스로 익힌 영어문장을 연습해보는 장소인 것이다.

영어회화를 잘하기 위해서는 혼자서 영어회화문장을 많이 연습해야 한다. 즉 문법실력이 탄탄하고 단어, 숙어, 구문 파악 등 영어 전반의 실력이 좋아야 한다. 따라서 영어회화를 잘하기 위해서는 혼자서 영어 전반에 대해 열심히 공부를 해야 한다.

영어실력 자체가 부족하여 영어회화가 잘 안 되는 사람들인 경우는 반드시 한국인 선생으로부터 영어회화를 배워야 한다. 이러한 사람들은 원어민한테 아무것도 배울 수가 없다. 쉬운 문장조차도 해석도 못하고, 읽지도 못하는 사람들이 어떻게 외국인에게 영어회화를 제대로 배울 수 있겠는가. 이런 사람들은 한국인 선생으로부터 영어에 대해 기초부터 하나하나 배워야만 영어회화를 향상 시킬 수 있다.

3. 듣기 공부에 일부러 시간 투자하지 마라

현재 영어교육의 흐름이 실용적인 영어를 배우는 데 초점이 맞춰져 있다. 과거에 기업에서는 영어시험 점수가 좋은 사람 위주로 직원을 채용했다. 그러나 그렇게 채용된 직원들이 실제 외국인과 의사소통을 하는 능력은 한 마디로 기대 수준 이하였다. 좋은 영어점수를 믿고 채용했던 직원이 실제로 외국인과 말 한 마디 못하는 경우가 너무나 비일비재했기 때문이다. 그러한 이유 때문에 기업에서는 실제적인 영어실력을 중요시하게 되었다.

따라서 많은 기업들이 토익, 토플점수보다는 오히려 영어면접에 중점을 두는 현상이 두드러지고 있다. 실제 영어구사능력을 측정하기를 원하는 것이다. 이러한 시대적인 요청에 발맞춰 영어교육에 있어서도 획기적인 변화가 일어나고 있다. 기존의 문법 위주의 영어교육에서 실용영어 교육의 방향으로 바뀌었다. 이러한 일환의 하나로 회화교육이 매우 강조되고 있고, 수능시험에서도 듣기교육의 비중이 점차 확대되는 추세이다. 매우 바람직한 현상이라고 생각된다. 그럼에도 불구하고 아직도 여러 가지 현실적인 제약으로 인하여 문법적인 부분이 중고등학교 영어교육에서 상당부분 차지하고 있음을 부인할 수 없다. 그것은 현재의 우리나라 여건상 어쩔 수 없다고 생각한다.

그러나 고등학교를 졸업한 후에는 영어공부 방식이 바뀌어야 한다. 철저한 실용영어로 공부방법이 바뀌어야 한다. 실용영어에서 듣기 공부는 매우 중요할 수가 있다. 그러나 필자의 생각은 좀 다르다. 듣기는 영어공부에서 가장 마지막에 해야 한다. 영어 공부를 충분히 하고 나서 듣기를 해야 한다. 시간이 부족한 상황에서 듣기 공부를 병행하는 것은 효율성이 떨어진다. 영어공부의 순서에서 가장 먼저 해야 할 것은 영어문장을 많이 배우고 익히는 것이 가장 중요하다. 듣기는 그렇게 급한 것이 아니다. 듣기 공부할 시간 있으면 영어문장을 하나라도 더 익히고 외우는 것이 더 낫다. 영어를 1년 만에 마스터한다는 것은 지금까지는 일반적으로는 상상할 수 없는 것이었다. 그 이유는 5년, 10년을 해도 영어마스터가 쉽지 않았기 때문이었다. 여러 가지 분야를 같이 공부를 해야 한다는 영어전문가의 말에 따라 영어를 공부하면 영어마스터는 단기간에 불가능하다. 단 1년 만에 영어를 마스터하기 위해서는 기존의 영어방식에서 완전히 탈피해야 한다. 그래야만 단기 영어마스터가 가능하다.

이것, 저것 다 완벽하게 공부하다가는 영어 1년 마스터는 꿈도 꾸지 못한다. 그래서 영어마스터를 하는 데 5년에서 10년간 몰입해야 영어를 겨우 마스터하게 되는 것이다. 5~10년간 오로지 한 분야에 모든 노력을 다 쏟으면 성공하는 것은 당연한 일이다. 그러한 사실을 모르는 사람은 거의 없다. 과연 그 누가 5~10년간을 한 분야에 몰입하는 것이 쉽겠는가. 자신이 그 분야에 목표를 정하고 평생 그 길로 가겠다는 사람만 빼고는 일반 사람들이 그렇게 많은 시간을 투자한다는 것은 매우 어려운 일이다.

사람은 어떤 일을 하는데 있어서 효율성을 무시해서는 안 된다. 분과 초를 다투는 경쟁의 시대에서 가장 효율적인 방식으로 하는 사람이 이기게 되어있다. 우리는 한정된 시간이라는 자원을 가지고 있다. 그러므로 이 한정된 시간 자원을 효율적으로 잘 활용하여 최대한 많은 성과를 거둘 때 사회에서 성공할 수가 있다. 영어공부에 있어서 중요한 것은 '영어문장을 얼마나 많이 배우고 익혀서 활용할 수 있느냐'가 가장 먼저이다. 영어마스터를 1년에 성공적으로 수행하기 위해서는 듣기 공부를 철저하게 무시해야 한다. 듣기 공부할 시간에 문장을 하나라도 더 암기하라. 즉 영어 5천 문장을 암기하는 데 총력을 쏟아야한다. 영어에서 가장 많이 쓰이는 영어 5천 문장을 머릿속에 완벽하게 암기하고 있다면 당신은 당장 원하는 것을 얻을 수 있다. 듣기 공부를 하는 것은 시간 낭비라는 점을 명심해라. 듣기는 영어를 마스터한 후에 해도 절대 늦지 않다.

당신의 머릿속에 5천 문장을 암기해서 자유자재로 활용할 수 있다면 그 자체로 당신의 영어 구사능력은 하늘을 찌르는 것이다. 당신은 영어를 무기로 무엇이든지 쟁취할 수 있게 된다. 설사 듣기 능력이 떨어진다 해도 그것은 크게 문제가 안 된다. 얼마든지 영어로 그것을 다른 말로 설명을 요구하거나 다시 한 번 천천히 얘기해

달라고 요청하면 된다. 아울러 그 단어의 뜻을 설명해달라고 요청할 수도 있다. 중요한 것은 '어떻게 5천 문장을 빠른 시간 내에 완벽하게 머릿속에 집어넣느냐'가 영어마스터의 성공여부가 달려있다는 사실이다. 5천 문장을 암기위해서 1년의 시간이 반드시 필요하다. 1년의 시간을 최대한 영어문장 공부에 최대한 투입해야 한다. 여러분이 5천 문장을 완벽하게 암기했다면 그때서야 CNN방송 청취나 기타 듣기 공부를 하는 것이 바람직하다.

영어 5천 문장을 암기한 사람은 영어듣기를 향상 시키는 것은 시간문제이다. 이와 마찬가지로 학원에 가서 외국인과 회화를 배우는 사람보다 영어회화 표현 문장을 많이 암기한 사람이 영어회화를 더 잘하게 된다. 영어실력이 부족한 사람은 아무리 듣기를 열심히 해도 듣기가 쉽게 늘지 않는다. 예를 들어 중학교 2학년 영어교과서의 영어문장을 겨우 해석하는 사람이 매일 미국 CNN방송을 청취한다고 해서 청취력 향상 되겠는가? 1년 365일 매일 몇 시간씩 CNN방송을 듣는다 할지라도 영어청취력은 거의 늘지 않는다. 그 이유는 모르는 단어가 너무 많아서 문장 자체를 해석을 할 수 없기 때문이다. **영어는 자신이 공부한 만큼 들린다는 사실을 명심해야 한다.** 영어 듣기는 자신이 모르는 것은 절대 들을 수가 없다.

영어공부가 먼저라는 사실을 잊지 말라. 듣기가 중요하지 않다는 것이 아니라, 영어 5천 문장을 외우는 것이 먼저라는 사실을 필자는 주장하고 있는 것이다. 물론 고3 학생들에게는 점수를 올리기 위해 듣기 공부를 열심히 해야 한다. 여기서 필자가 말하는 것은 일반 대학생들이나 일반인들이 영어를 마스터하려고 마음먹은 경우를 말하는 것이다. 단 1년만 우리에게 시간이 주어졌다고 가정하고, 1년에 영어를 마스터를 결심했을 때, 듣기 공부를 과감하게 뒤로 밀어야 한다는 것을 말하고 있는 것이다.

듣기는 나중에 하거나 유학을 가서 해도 충분히 따라 갈 수 있다. 듣기가 부족하다고 해도 말하거나 영작이 가능하기 때문에, 유학생활을 성공적으로 마치는데 크게 어려움이 없다. 그러나 말이나 영작이 안 되면 유학생활을 성공적으로 끝마칠 수가 없다. 영어 실력 자체가 부족하면 듣기능력도 크게 향상 되지 못한다. 탄탄한 영어실력을 바탕으로 듣기를 하면 듣기 실력은 순식간에 향상된다. 그러나 영어실력이 일천한 사람이 아무리 듣기를 열심히 해봐야 그것은 시간 낭비다. 듣기 할 시간이 있으면 그 시간에 한 문장이라도 더 완벽하게 이해하고 암기하는데 온 힘을 쏟아야 한다.

4. 기존의 영어공부 방법을 완전히 무시해라

다시 한 번 강조하지만 이 책은 초중고생을 대상으로 영어마스터 방법을 제시하는 것이 아니다. 필자가 이 책에서 제시하는 영어마스터 방법을 초등학생이나 중고생에게 여과 없이 적용하려는 실수를 범하지 않기를 바란다. 이 책은 고등학교를 졸업한 일반인들 특히 젊은이들을 대상으로 단기간에 영어를 마스터하는 방법을 알려주는 데 그 목적이 있다.

그 이유는 일반인들과 초중고생들은 언어를 배우는 시스템에서 차이가 나기 때문이다. 언어는 어릴수록 빨리 배우고 쉽게 배운다. 나이가 어릴수록 단지 영어의 환경에만 노출시켜줘도 스스로 영어를 배우는 신통방통한 능력을 보유하고 있다. 따로 선생이 없어도 그냥 영어방송만 보고도 영어를 자연스럽게 배우고 원어민과 똑같이 말을 할 수 있다. 그러나 일반 성인들은 이러한 능력이 현저히 떨어진다. 그러므로 아이들과 똑같은 방식으로 영어를 배우기는 매우 힘들다.

이제 여러분은 모두 고등학교를 졸업한 성인들이라고 본다면 여러분의 앞길에 영어라는 거대한 장애물이 펼쳐져 있을 것이다. 세계 10대 경제 강국이면서 무역총액이 이미 1조 달러를 돌파하여 가파르게 세계 선진국가로 질주하고 있는 나라에 살고 있다. 이제 한국은 세계와 함께 당당하게 어깨를 겨루며 나아가고 있다. 이러한 시대적인 흐름에서 영어는 반드시 정복해야 하는 시대에 우리는 살고 있다. 우리 젊은이들에게 영어정복은 필수이다. 영어를 완벽하게 구사하는 사람은 순식간에 성공하고 스타가 되어 온 국민의 사랑을 한 몸에 받게 된다. 어떤 사람은 외국인들 앞에서 완벽한 영어로 프레젠테이션을 해서 무명에서 일약 스타로 발돋움한다.

영어를 마스터하면 너무도 좋다는 것을 모르는 사람은 없다. 그러나 특별한 환경에서 공부한 사람 이외에 일반 사람들에게 영어마스터는 그야말로 쉽게 넘보기 힘든 일임에 틀림없다. 실제로 영어를 마스터한 사람은 그렇게 많지 않다. 수많은 사람들이 어릴 때부터 대학을 마칠 때까지 10년 이상을 수많은 시간과 돈을 투자해서 영어공부를 해왔지만 영어마스터는커녕 외국인과 원활한 의사소통조차 쉽지 않았다. 그러면 다른 나라의 경우는 어떤가. 필자가 호주에서 경험한 것을 보면 한국 유학생들은 다른 나라 유학생들에 비해 영어구사력이 떨어져 주로 한국인이 경영하는 가게에서 주로 아르바이트를 하고 있는 반면에, 방글라데시에서 유학 온 학생은 호주회사의 세일즈맨으로 취직해서 시간당 한국 학생에 비해 더 많은 돈을 벌고 있었다. 태국에서 온 유학생도 우리 한국학생보다 더 좋은 일자리를 구해서 일하고 있었다. 그 이유는 영어구사력이 한국 유학생들에 비해 월등하기 때문이다.

우리나라에서 고등학교 때까지의 영어교육은 시험평가를 위한 영어교육을 해왔다. 실제 영어구사력을 향상 시키는 교육을 하기보다는 서열을 매기기 위해서 문법이나 문제를 짧은 시간에 많이 푸는 능력을 측정하는 것에 대비한 영어교육이 되어 왔다. 그러다 보니 영어 문장을 하나라도 제대로 말하거나 제대로 쓰지 못하는 불구영어를 배우게 된 것이다. 우리는 실제 외국 유학을 가서 활용할 수 있는 영어, 또는 외국인 회사에서 사용할 수 있는 영어를 배운 것이 아니라 영문법학자, 영어문장번역가 혹은 영어시험의 달인을 목표로 한 영어교육을 배운 것이다. 수많은 강남의 영어 스타강사들이 빠른 시간 안에 정답을 찍은 기술들을 가르치고 있다. 우리 젊은이들은 이러한 기술을 배우기 위해 기꺼이 학원에 돈을 지불하고 배우고 있는 실정이다.

여기서 필자는 시험을 위한 영어공부 방식을 던져버리라고 과감하게 말한다. 기존의 영어공부 방식은 영어마스터에 거의 도움이 안 되는 가장 비효율적인 방식이다. 더 이상 시험점수를 위한 영어공부에 아까운 시간과 돈을 낭비하지 말자. 이제는 진정한 영어실력을 키우기 위해 우리가 노력해야 할 때다. 그것이 바로 현재 사회가 우리에게 요구하고 있는 것이다. 너무나 비효율적인 영어공부 방법을 과감하게 날려버리고 진정한 영어마스터의 길로 들어서서 미래의 꿈을 펼쳐야 한다.

지금까지는 선배들이 했던 영어마스터 방법들은 너무나도 지루

하고 힘들었다. 그 이유는 우리가 영어마스터 방법을 잘 몰랐기 때문이다. 우리보다 태국학생들이 영어를 더 잘 구사하는 이유는 무엇인가. 우리 젊은이들도 이제까지 영어공부 방식을 과감히 바꿔야한다. 필자가 제시하는 새로운 영어공부 방식으로 1년만 몰두하면 누구나 다 영어를 완벽하게 마스터하게 된다. 자신이 고등학교 1학년 학생 정도 실력만 갖추고 있다면 누구나 1년 만에 영어를 정복할 수 있다. 한번 믿고 필자가 제시한 방법대로 실천해보라. 그러면 1년 뒤에 영어를 완전히 마스터해서, 세상을 향해 힘차게 도약할 수 있는 만반의 준비를 갖추게 될 것이다.

5. 영어마스터는 해외가 아닌 한국에서 하는 것이 최선이다

혹자는 영어를 마스터하기 위해 영어권 국가로 가면 한국에서 보다 더 빠르게 할 수 있지 않을까 하는 생각이 들지도 모르겠다. 그러나 절대 그렇지 않다. 오히려 한국에서 영어를 마스터하는 것이 가장 경제적이고 여러모로 더 효율적이다. 나이가 어린 초등학생이나 중학생 또는 고등학생의 경우에는 외국에서 나가서 영어를 마스터하는 것이 더 유리하고 좋다. 그러나 일반 성인들의 경우에는 외국이라고 해서 영어를 마스터하는데 더 유리하다고 볼 수가 없다.

영어회화를 배우러 영어권국가로 가서 어학연수를 받는 경우에는 어느 정도 효과가 있을 수도 있다. 많은 시간을 체계적으로 영어를 배우고 그들과 어울리면서 하루 종일 영어를 사용하는 경우에는 상당한 효과를 볼 수도 있다. 그렇다고 해서 영어를 마스터하는 것은 매우 어렵다. 일반적으로 본인이 특별히 사람을 사귄다든가 하는 특별한 노력을 하지 않고서는 영어권 국가에서 영어배우는 것은 그렇게 쉽지가 않다는 사실이다. 본인이 각고의 노력으로 영어를 끊임없이 배우고자 하는 열정이 뒷받침되지 않는다면, 외국이라고 해서 특별히 영어를 마스터하는 데 유리하다고 볼 수가 없다. 외국이든 한국이든 영어를 마스터하고자 한다면 얼마나 영어를 열심히 몰두해서 공부하느냐에 전적으로 달려있는 것이다.

특히 필자가 말하는 영어마스터는 본인 스스로 영어공부를 혼자서 열심히 하는 것이 가장 중요하다. 이것은 필자가 가장 강력하게 역설하는 사항이다. 일반적으로 주위 환경이 외국이냐 한국이냐에 따라서 영어 학습에 약간 더 유리할 수도 불리할 수도 있다고 생각할 수도 있다. 하지만 필자가 판단하기로는 외국이라서 더 유리하다고 생각지 않는다. 그 이유는 한국에서 매일 10시간 이상씩 오로지 영어공부를 하는 거나 그 시간에 외국인 친구를 사귀어서 대화 연습을 하거나 결과는 동일하기 때문이다. 아니 오히려 한국이 더 유리할 수도 있다. 언뜻 보면 동일할 것 같지만 오히려 한국에서 낭비되는 시간 없이 영어에 더 몰두해서 한다면 외국에서 사람을 사귀기 위해 이동하고 기다리고 하는 낭비 시간을 따진다면 한국에서 영어공부가 더 유리할 수도 있는 것이다.

필자가 주장하는 영어마스터 방법은 영어환경과는 아무 상관이 없다. 그 이유는 영어를 거의 혼자서 몰두해서 공부하는 방법이기 때문이다. 따라서 영어를 공부하는 데 있어서 주위에 영어 원어민이 있든 없든 아무 상관이 없다. 설사 외국인이 있다하더라도 그 외국인과 대화할 여유가 없다. 오죽하면 영어 듣기도 하지 말라고 하지 않는가. 영어 듣기 할 시간이 있으면 그 시간에 영어 한 문장이라도 더 외워야 하기 때문이다. 1년 동안 오로지 영어 공부에 강도 높게 전념해야만 영어마스터가 가능하다. 다른 것에 전혀 신경을 쓸 겨를이 없다. 필자가 말하는 영어마스터라는 것은 가장 중요하고 기본적인 5천 개의 영어문장을 1년 안에 완전히 암기해서 머릿속에 저장하는 것이다. 이러한 목표를 성공적으로 달성하려면 1년 간 한눈팔 시간이 거의 없다고 보면 된다.

영어마스터 공부는 외국이라고 해서 더 유리한 점은 없다. 오히 려 시간 낭비가 더 많이 있을 수 있다. 그리고 외국에서 공부하는 비용이 엄청나게 많이 든다. 한국에서는 거의 돈이 안 든다. 돈이 많이 들지 않기 때문에 누구나 도전이 가능하다. 이러한 측면에서 영어마스터는 한국에서 하는 것이 절대적으로 좋다. 우리는 외국어 만 마스터하면 된다. 외국에서 하든지 한국에서 하든지 그것은 중 요하지 않다.

필자가 주장하는 영어 마스터를 위한 영어공부법은 지금까지 영 어전문가들이 제시하는 영어공부법과는 다르다. 그렇기 때문에 영 어마스터가 1년에 가능한 것이다. 지금까지 어느 누구도 영어를 1년 에 마스터할 수 있다는 것을 자신 있게 주장한 사람은 없었다. 영 어전문가인 곽영일 씨는 그의 저서에서 영어를 잘하기 위해서는 10 년간 영어공부를 해야 한다고 말하고 있다. 많은 영어전문가들이 영어공부 방법에 대해서는 각자 나름대로 다양한 영어공부 방법을 제시하고 있지만 감히 영어마스터에 대해서는 언급하지 못하고 있 다. 아마 그분들도 영어마스터가 단기간에는 불가능하다고 생각하 고 있을지 모른다. 영어전문가들조차도 영어마스터가 쉽지 않다고 생각하기 때문에 지금까지 영어마스터에 대한 공식적인 방법이 제 시되지 못했다. 그래서 많은 젊은이들에게 영어마스터는 하나의 머 나먼 꿈이 되어 왔다.

CHAPTER 04

영어마스터를 위한
신개념 영어공부법

English

1. 영어공부 순서는 기본문법-해석-외우기-듣기 순이다

이 책은 영어점수를 따기 위한 영어공부가 아닌, 진정한 영어공부를 위해서 쓰여 졌다. 특히 단기간 영어를 정복하기 위한 비법을 소개하고자 하는 목적에서 쓰여 졌다. 영어를 단 1년에 마스터하기 위해서는 기존의 영어공부법과는 다르게 해야만 소기의 목적을 달성할 수 있다. 우선 철저하게 기본문법을 완전히 공부한 다음에 영어마스터에 도전해야 한다. 기본문법이라는 것은 고등학교 1, 2학년이 주로 보는 영어문법 내용을 말한다. 영어마스터의 전제조건으로서 기본문법의 철저한 이해가 선행되어야 한다.

기본문법은 보통 고등학교를 졸업하고 대학을 들어간 사람들은 어느 정도 다 알고 있을 것이다. 만약 고등학교 1, 2학년의 문법을 잘 모른다면 약 1~2개월 동안 7번 정도 반복해서 보면 거의 100%로 가까이 이해가 된다. 영어마스터를 위해서 기본문법은 반드시 알아야 한다는 점을 꼭 명심하기 바란다. 문법을 모르고서는 단기간의 영어마스터를 절대 할 수가 없다.

기본문법의 실력을 확실하게 갖추었다면 이 문법실력을 바탕으로 모든 문장을 하나하나 해석해 본다. 혼자서 모든 문장을 해석하는 작업이 이루어져야 한다. 본인 스스로 문장을 해석할 수 없다면, 이는 기본문법의 실력이 완벽하게 갖춰져 있지 않다는 것을 의미한다. 사전을 통해 모르는 단어의 뜻을 찾아서 모든 문장을 문법에 기초해서 해석을 하는 노력을 기울여야 한다. 영어문장을 사전만 갖고 정확하게 해석하기 위해서는 기본문법의 실력이 바탕이 되어야 한다. 좀 힘이 들고, 시간이 걸리더라도 본인이 직접 문장을 꼼꼼히 해석한다. 이러한 노력은 매우 중요한 과정이다.

문장을 하나하나 해석을 정확히 했다면 그 다음 공부순서는 그 문장을 외우는 작업에 들어가야 한다. 이 외우는 과정이 바로 익히는 과정이다. 우리가 이제까지 영어를 쉽게 말하지도 쓰지도 못했던 것은, 이 외우는 과정을 소홀히 했기 때문이다. 이 과정은 영어마스터의 가장 핵심적인 부분이다. 보통 우리는 시험점수를 올리는데 최고의 목표로 영어를 공부해 왔다. 이러한 점 때문에 우리 한국 젊은이들은 영어마스터를 할 수가 없었다. 영어마스터의 가장 중요한 과정인 외우는 과정을 간과하고 무시했기 때문이다. 자신이 해석한 모든 문장을 하나도 빠짐없이 자신의 머릿속에 기억시켜야 한다. 그것도 평생 잊어버리지 않을 정도로 기억시켜야만 하는 것이다. 이러한 것을 전문용어로 '장기기억'이라고 말한다. 그리고 장기기억의 피날레로서 한번 영어문장을 안보고 써본다. 영어문장을 보지 않고 써보는 것이 외우는 과정의 대미를 장식하는 것이다.

서강대 영문학과 교수였던 故장영희 교수(1952~2009)는 한 신문

인터뷰에서 학생 시절에 영어공부 비법을 다음과 같이 밝힌 적이 있다. 그녀는 "학생 시절에 영어교과서의 내용을 완전히 암기했다"라고 말했다. 여기서 보듯이 영어를 잘하기 위해서는 영어문장을 완전히 암기하는 것이 매우 중요하다는 점을 우리는 알 수 있다. 영어는 먼저 이해하는 것이 필요하지만 가장 중요한 것은 이해한 문장을 완전히 암기하는 과정이다. 영어문장을 외우는 과정을 결코 빠뜨려서는 안 된다.

이 외우는 과정은 읽기, 말하기, 쓰기를 모두 한꺼번에 하는 것을 의미한다. 이 외우는 과정을 통해서 자연스럽게 읽기가 이루어지고, 유창한 말하기가 이루어지고, 또한 영작 실력이 갖춰지는 것이다. 외우는 과정을 통해 이 3가지를 통째로 해결하는 것이다. 이 외우는 과정이 영어마스터 과정 중에서 가장 핵심적인 부분이라고 말할 수 있다. 고등학교에서는 수능 고득점을 위해 어쩔 수 없었다 하더라도, 이제부터는 영어점수를 올리기 위한 영어공부 방식에서 완전히 탈피해야 한다. 구태의연하게 토익, 토플의 점수를 위해 공부하지 마라. 모름지기 사람은 꿈이 커야한다. 세계를 내가 정복한다는 야망을 갖고 영어를 공부해라. 오로지 회사에 입사하기 위해 토익, 토플 점수에 목매지 마라. 토익, 토플점수가 몇 점 덜 나왔다고 해서 기업에 입사하지 못하는 것은 아니다.

마지막으로 듣기를 한다. 듣기는 우선순위에서 제일 마지막으로 하는 단계이다. 즉 영어마스터에서는 듣기를 가장 중요하지 않은 것으로 간주한다. 시간 있으면 하고 시간 없으면 굳이 할 필요가 없는 것이다. 듣기는 반드시 영어 5천 문장을 암기한 후에 해야 한다. 중요한 것은 먼저 영어문장을 암기하는 것이다. 그 다음에 듣기를 해도 좋다는 말이다. 듣기를 무시하라는 말이 아니라 공부순서에서 뒤에 두라는 것이다. 반드시 암기를 먼저 한 후에 해야지 듣기를 동시에 해서는 안 된다는 점을 명심하기 바란다.

1년에 영어를 마스터하기 위한 영어공부의 순서를 여러분에게 밝혔다. 여러분이 영어를 단기간에 마스터하고 싶다면 반드시 필자가 제시한 공부순서를 준수하길 바란다. 이 공부순서는 모든 영어공부의 경제성과 효율성의 측면에서 정교하게 정해진 것이다. 이제까지 영어공부는 어떠한 원칙도 없이 본인의 판단으로 했을 것이다. 물론 자신의 방법도 나름대로 의미가 있고 장점도 있을 것이다. 그러나 자신의 영어공부 방법을 과감히 버려야 한다. 시간을 최대한 절약하고 가장 효율적인 방식을 통해서 단 1년 만에 영어를 마스터하기를 원한다면 말이다.

2. 먼저 기본영문법을 확실하게 공부해라

영어를 마스터하기 위해서는 가장 먼저 기본적인 영문법을 완전하게 이해해야 한다. 영어회화, 영어독해, 영어작문 등 어떤 영어공부든 간에 영어를 제대로 하기 위해서는 반드시 기본적인 영문법을 알고 있어야 한다. 한마디로 영어공부의 시작은 영문법으로부터 시작된다고 보면 된다. 어떤 사람들은 문법 때문에 한국의 영어교육을 망치고 있다고 얘기하기도 한다. 그 말은 맞는 말이기도 하고 틀린 말이기도 하다. 사실상 현재 중고등학교에서 여전히 문법이 영어교육의 대부분을 차지하고 있다. 다시 말해서 영어교육에서 문법을 무시할 수 없는 것이다. 한국인들이 빠른 시간 안에 영어를 체계적으로 이해할 수 있는 유일한 수단이 바로 문법이기 때문이다.

물론 영문법을 배우지 않고 영어를 배울 수 있다. 그러나 그것은 영어를 배우는데 시간이 매우 오래 걸린다. 또 한 가지는 주위 환경이 영어환경에 둘러싸여 있을 때 문법을 배우지 않고도 영어를 배울 수 있다. 이러한 이유 때문에, 한국인들이 짧은 시간 안에 영어를 배우기 위해서는 반드시 문법을 배워야만 한다. 다시 말해서 문법을 배우지 않고서는 영어를 정복하는데 시간이 너무 오래 걸린다는 점이다. 영어를 가장 손쉽게 정복하기 위해서 가장 중요한 것은 기본적인 영문법을 먼저 익히는 일이다.

그런데 왜 문법이 문제가 되어왔는가. 그 이유는 기본적인 문법만 배우고 바로 영어문장을 배우고 익히는 단계로 들어가야 하는데, 끊임없이 더 높은 단계의 문법을 계속 배우기 때문이다. 문법을 공부하다 보면 한이 없다. 수많은 예외적인 문법사항을 배우다 보면 문법만 배우다가 인생을 다 허비하게 된다. 완전히 주객이 전도된 상황이 된다. 영어를 빨리 제대로 배우기 위해 문법을 배우는 것인데, 완전히 문법의 바다에 빠져 허우적거리고 있는 꼴이다. 어떤 사람은 문법의 바다에서 익사하는 경우도 있다. 기본적인 문법만 배우고 영어문장을 공부하면서 그 쓰임새를 배우면 되는데 수많은 영어 단어와 숙어 등의 쓰임새를 두꺼운 문법책 한 권에 모아 놓고 공부하도록 유도하니 문법만 완전히 파악하는데 몇 년이 걸릴 정도다. 문법의 세계에 잘못 빠져 들다보면 결국 두꺼운 영어사전의 모든 설명의 내용을 다 암기해야 한다. 다시 말해서 한국의 모든 젊은 이들을 영어문법학자로 유도하고 있는 것이다. 그래서 문법이 영어교육을 망친다는 얘기가 나오게 된 것이다.

기본적인 영문법만 확실하게 익히고 난 후 영어문장을 배우고 익히면서 예외적인 문법은 그때그때 배우면 된다. 어차피 예외적인 문법은 어쩌다 한 번씩 간간이 나온다. 이때 사전을 통해서 해석을 시도하면서 얼마든지 그 용법을 배우고 익힐 수 있다. 보통 100문장에서 한 두 문장이 예외적인 문법사항이 나온다. 따라서 예외적인 문법사항은 그렇게 비중이 크지 않다. 그렇지만 예외적인 문법사항을 모두 모아 놓으면 문법책이 5~6백 쪽에 달하게 된다. 어쩌다 한 번씩 나오는 예외적인 문법사항을 공부하느라고 실질적인 영어실력을 소홀히 하게 되는 것이다. 보통 토익, 토플, 각종 영어시험대비 책들이 바로 문법 위주의 영어공부를 유도하는 책들이다. 필자가 주장하는 것은 그러한 문법 위주의 책을 통해 영어공부에 몰두하지 말라는 것이다. 문법은 기본적인 사항만 익히고 난 후 문장을 통해서 자연스럽게 고급 영어문법을 배우라는 것이다. 물론 두꺼운 문법책을 한 권 가지고 있으면서 가끔씩 필요한 부분만 참고하는 것은 매우 좋다. 어디까지나 두꺼운 토익, 토플 책을 보조로 가끔씩 참고하고 영어공부 시간의 대부분을 영어문장을 배우고 익히는 데 힘써야만 진정한 영어실력을 쌓을 수 있다. 시험 대비용 영어공부는 10년을 해도 영어마스터가 힘들다는 사실을 여러분은 알아야 한다.

그럼 '기본적인 영문법'이라는 것은 구체적으로 어떤 것을 지칭하는가? 대충 짐작하시겠지만 중학교 학생용 문법책을 기초영문법 책이라고 본다면, 기본영문법 책은 바로 한 단계 위의 문법책이라고 보면 된다. 다시 말해서 고등학교 1학년 학생이 보는 문법책을 말한다. 보통 책이름이 기본영문법이라고 붙여져 있다. 예를 들면 **성문기본영어**'가 대표적인 책이라고 볼 수 있다. 경우에 따라서는 기초영문법 책을 봐도 좋다. 기초 영문법 책도 모든 문법사항이 잘 정리된 책이 있다. 성문기본영어가 마음에 안 드는 경우 본인에게 적합한 영문법 책을 골라 봐도 좋다. 필자는 단기간 영어마스터를 하기 위해 반드시 필요한 기본영문법 내용을 정리한 '**포인트만 콕 집은 기초영문법**'이라는 책을 저술하였다. 필자의 책은 단 하루 만에 모든 기본영문법을 마스터할 수 있도록 책을 구성하였기 때문에 필자의 책을 보는 것도 매우 현명한 일이 될 것이다.

영어마스터를 시작하기 전에 반드시 기본영문법을 완벽하게 이해하고 있어야 한다. 기본영문법을 100%로 이해하는 것이 매우 중요하다. 기본영문법의 책 내용을 남에게 설명할 수 있을 정도로 완벽한 이해가 요구된다. 일반적으로 대학을 들어간 학생들은 기본영문법 정도의 실력은 대부분 다 갖추고 있다. 혹시 기본영문법의 실력을 갖추지 못했다면 책을 집중적으로 7번 연속적으로 반복해서 보면 100% 가까이 이해가 된다. 반드시 영어마스터 프로젝트를 시작하기 전에 기본적으로 기본영문법은 완벽하게 이해를 하고 있어야한다. **기본영문법의 실력을 완벽하게 갖추어야만 영어마스터에 도전할 수 있다**는 사실을 꼭 명심해야 한다. 필자가 쓴 '**포인트만 콕 집은 기초영문법**' 책은 사람에 따라서는 단 2시간 만에 전체를 다볼 수 있도록 책을 구성하였다.

기본영문법을 마스터하는 데 혼자 하기 힘들면 전문가의 도움을 받아서라도 완벽하게 마스터해야 한다는 점을 명심해야 한다. 기본영문법의 내용 중 하나라도 이해가 되지 않거나 의문이 가는 사항이 있어서는 안 된다. 기본영문법의 내용을 완벽하게 이해하게 되면 영어 책에 나오는 모든 문장을 혼자서 사전의 도움을 받아 해석할 수 있는 능력을 갖추게 된다. 이러한 해석능력을 갖추는 것은 영어마스터를 수행하는데 필수적으로 요구되는 능력이다. 기본적인 문법사항을 완전히 마스터했다면, 비로소 여러분은 1년 영어마스터에 도전할 수 있는 자격을 갖추게 된다.

3. 문장 5형식이 가장 중요하다

영어문장을 정복하기 위해서는 가장 중요하고 기본적인 것은 문장 5형식을 이해하는 것이다. 보통 영문법에서는 모든 영어문장을 5가지 형태로 분류한다. 이를 문장 5형식이라고 말한다. 우리는 영어문장의 형식을 파악함으로써 문장의 의미를 정확하게 파악할 수 있다. 따라서 영어문장의 의미를 파악하기 위해서는 그 문장이 몇 형식 문장으로 되어 있는가를 알아야 한다. 영어문장의 이해는 문장패턴의 이해에서 출발한다. 아무리 길고 복잡한 문장도 결국 5형식 중의 하나로 분석될 수 있다. 영어문장의 형식을 파악하는 것이 영어문장 해석의 핵심이다. 문장 5형식은 다음과 같다.

문장 5형식

1형식 : 주어 + 동사

2형식 : 주어 + 동사 +보어

3형식 : 주어 + 동사 + 목적어

4형식 : 주어 + 동사 + 사람목적어 + 사물목적어

5형식 : 주어 + 동사 + 목적어 + 목적격보어

영어를 처음으로 배우는 학생에게 영어를 순식간에 이해하게 만드는 획기적인 영어 학습의 도구가 바로 문장 5형식이다. 영어를 정복하고자 한다면 가장 먼저 문장 5형식을 배워야한다. 이 문장 5형식은 어떠한 문장도 해석을 가능하게 하고, 이해하도록 도와주는 엄청난 위력을 가진 가장 강력한 영어정복의 도구라도 말할 수 있다. 영문법에서 문장 5형식만큼 중요한 것은 거의 없다고 말할 수 있다. 만약 여러분이 영문법을 배울 시간이 단 1시간 밖에 없다고 가정할 때, 가장 먼저 배워야 할 것이 바로 문장 5형식이다. 그만큼 문장 5형식은 영어공부에서 중요하고 또 중요한 것이다.

문장 5형식은 우리 한국 학생들에게 하늘이 내려주신 선물이다. 물론 영문법학자들에게 감사를 표해야 한다. 그 이유는 영어의 수많은 문장을 5가지 패턴으로 간단하게 정리할 수 있기 때문이다. 필자는 문장을 보는 순간 자동으로 문장의 패턴이 분석되면서 해석하게 된다. 그것은 바로 문장 5형식을 배운 덕분이다. 문장 5형식에 대해 완벽하게 이해를 하면 읽는 순간 문장의 구성을 파악하는 것이 가능하다. 그리하여 가장 빠른 시간 안에 정확한 해석을 가능케 한다. 항상 필자는 문장 5형식의 탁월한 기능에 대해 감탄을 금하지 않을 수 없다. 물론 몇 가지 예외사항이 없는 것은 아니지만 대부분의 문장들은 5가지 형식으로 되어있다. 여러분이 영어문장을 보는 순간 바로 그 문장이 몇 형식의 문장인지를 파악할 수 있는 능력을 기르는 것이 매우 중요하다.

모든 영어문장이 5가지 패턴으로 구성되어있다는 사실은, 우리가 영문법 공부에서 얻을 수 있는 가장 큰 수확이자 최고의 기쁨이다. 문장 5형식은 영문법 공부의 시작이자 끝이다. 여러분이 5형식이 무엇인지를 정확하게 이해했다면 영문법의 50%는 정복했다고 말해도 과언은 아니다. 그만큼 문장 5형식은 영문법 공부에서 중추적이고 핵심적인 부분이다. 여러분은 문장 5형식의 내용에 대해 철저하게 익혀야 한다. 여러분이 모든 영어문장이 5가지 패턴의 종류로 구성되어 있다는 사실과 그것이 영어문장의 정복에 얼마나 강력한 효과를 발휘하고 있는지를 몸소 느낀다면, 여러분도 영문법학자들에게 다시 한 번 깊은 경의를 표하지 않을 수 없을 것이다.

모든 영어 문장이 5가지 패턴으로 구성되어있다는 사실은, 역으로 우리가 영작이나 영어회화를 할 때 이것을 그대로 적용하면 된다는 것을 의미한다. 내가 말하려는 내용을 5형식 중에서 어떤 형식을 선택해서 문장으로 표현할 것인지를 결정한 후, 거기에 맞춰서 단어를 맞추면 된다. 만약 문장 5형식이 없었다면 영어문장을 만들어 사용하는 것이 너무나 막연하고 힘들었을 것이라고 생각된다. 영어문장 5형식을 배우면, 우리는 영어문장을 시작할 때 가장 먼저 주어를 말하고 그다음에 동사를 말해야 한다는 사실을 깨닫게 된다. 그러므로 영작이든 영어회화든 간에 영어문장을 시작할 때는 반드시 주어 동사로 시작해야만 한다. 이러한 사실만 알아도 영어를 말하거나 영어로 글을 쓰는 것이 어렵지 않다는 사실을 느끼게 된다.

영어회화가 서툰 사람들을 잘 분석해 보면 다음과 같은 현상을 쉽게 발견하게 된다. 이들은 영어회화를 말할 때 대부분 주어를 빼먹거나 동사를 빼먹으면서 말한다. 또는 영어문장의 순서가 엉망진창이다. 도대체 어떻게 영어를 말해야 하는지가 머릿속에 도저히 감히 잡히지 않는다. 특히 외국인 앞에서는 순간적으로 머릿속이 하얗게 되면서 당황하기 일쑤다. 영어회화를 못하는 이유는 문장 순서를 어떻게 구성해서 말을 해야 할지 몰라서 영어회화를 못하는 것이다. 앞에서 언급한 문장 5형식에 맞춰서 말을 하면 된다는 사실을 잘 모른다. 영어를 말할 때 반드시 주어 동사로 시작해야 된다는 사실을 인식하지 못하고 있다. 그러다 보니 쉬운 표현도 말하지 못하고 쩔쩔매는 것이다. 영어를 말하거나 영어문장을 쓰고자 할 때 항상 문장 5형식을 떠올려야 한다. 즉 영어회화든 영작이든 간에 먼저 생각해야 할 것은 문장을 몇 형식으로 할 것인가를 결정하는 일이다. 문장의 형식이 결정되면 거기에 맞춰서 문장을 형성하면 된다. 영어에 있어서의 문장 5형식은 영어의 뼈대이다. 즉 문장 5형식은 영어의 핵심인 동시에 영어의 전부인 것이다. 여러분이 영어를 정복하고자 한다면 가장 중요하고 핵심적인 문장 5형식을 가장 먼저 공부해야 한다. 영어공부에서 문장 5형식만큼 중요한 것은 없다.

4. 단어와 숙어를 정복하라

영어단어는 영어공부에서 필수적으로 공부해야 하는 부분이다. 영어공부에서 단어는 음식을 만들 때 필요한 식재료와 같은 것이다. 음식을 만들기 위해서는 식재료가 필요하듯이 영어를 공부하기 위해서는 우선 영어 단어를 아는 것이 필요하다. 기초적인 영문법 지식을 알고 있는 사람은 영어단어의 뜻만 안다면 영어문장을 해석하는 하는 것은 그리 어려운 일이 아니다. 그러나 문제는 많은 영어 단어를 외우는 일이 쉽지가 않다는 점이다. 많은 학생들이 단어 때문에 고민을 하게 된다. 그 이유는 수많은 단어를 다 암기하기 어렵기 때문이다. 새로운 책을 보면 항상 새로운 단어가 나온다. 또한 같은 단어가 다시 나왔다 하더라도 그 단어의 의미가 똑같지가 않다. 해도 해도 끝이 없는 영어단어를 어떻게 해결할 것인가. 필자가 여러분들에게 영어공부에서 절대적으로 필요한 영어단어를 단번에 정복할 수 있는 노하우를 제시한다. 바로 다음 2가지 방식을 동시에 사용해서 정복할 수 있다.

1) 영어사전 전체를 암기하라

수많은 영어단어를 다 외우려고 노력할 필요가 없다. 실생활에 필요한 단어의 수는 그리 많지가 않다. 우리는 실생활에서 많이 사용되는 필수인적 단어만 외우면 된다. 필자가 추천하는 단어의 수는 2만 단어 수준 내외이다. 여기에 적합한 사전을 하나 구입하면 좋다. 매일 성경책을 읽듯이 매일 50분 정도씩 할애해서 사전을 쭉 읽으면 된다. 절대 단어를 암기하려고 하지 말고 그냥 한번 쭉 훑어본다. 발음을 한 번 읽어보고, 단어 뜻을 한두 번 읽어 보고 지나간다. 그것으로 충분하다. 그 대신 그 사전 전체를 여러 번 반복해서 본다. 그렇게 1년 정도하면 모두 다 암기하게 된다. 1년 동안 대략 사전을 20번 보는 것을 목표로 하면 된다. 이렇게 한 번 사전을 다 암기하게 되면, 영어단어 때문에 평생 고생할 필요가 없다. 2만 단어 내외 정도의 단어만으로도 충분히 자신이 표현하고 싶은 모든 내용을 다 표현할 수 있기 때문이다. 특히 **영어를 마스터하고자 하는 사람은 반드시 사전 하나를 완전히 암기하는 것이 매우 중요하다.**

여기에 적합한 사전으로는 대입수능을 위해 만들어진 수능영어 사전이 좋다. 수능사전의 어휘 수는 2만 단어 내외이다. 이 사전의 페이지 수는 대략 1000페이지 정도로 구성되어있다. 하루에 50페이지씩 매일 읽으면 20일에 전체를 다 보게 된다. 한 페이지를 보는데 1분씩 보면 된다. 단어를 한두 번 발음해보고 난 후 뜻을 한두 번씩 읽고 지나간다. 뜻이 여러 개가 있을 경우 번호가 부여된 대표적인 뜻만 한 번씩 읽고 지나가면 된다. 숙어도 굵은 볼드체로 된 숙어만 한 번씩 읽고 지나간다. 여러분이 사회에 나가서 실제적으로 사용하는 단어는 2만 단어정도면 충분하다는 사실을 명심하기 바란다. 물론 여기에 자신이 일하는 분야에서 나오는 전문용어 1000~2000개 정도 추가로 외우면 끝이다. 자신이 종사하는 분야의 전문용어와 수능사전에 수록된 2만 단어 정도만 알고 있으면 사회 어느 분야에서 활동하더라도 문제가 전혀 없다는 점을 분명하게 인식하기 바란다.

2) 문장 속에서 단어를 암기하라

영어책에 나오는 문장 속에서 단어를 암기하는 것이다. 영어를 마스터하기 위해 보는 영어책의 단어를 모두 외우는 방식이다. 어차피 영어문장을 해석하기 위해서는 모르는 단어를 찾게 된다. 이 때 모르는 단어를 사전에서 찾아서 책 여백에다 전부 의미를 기록한다. 숙어도 마찬가지로 사전에 찾아서 그 숙어 문장 옆에 여백에다 모두 적어둔다. 단어의 뜻이 여러 가지인 경우에 중요한 의미들을 추려서 써놓는다. 또한 단어의 쓰임새가 다양한 경우에도 가급적이면 이를 모두 적어둔다. 다시 말해서 한 단어가 명사, 형용사, 동사로 사용되는 경우 이를 모두 적어둔다. 그래야만 그 단어의 사용법을 제대로 알 수 있게 된다. 영어에서 한 단어가 명사로 사용될 수도 있고, 형용사나 동사로도 사용될 수 있다. 그러므로 이를 다 간략하게 메모해 두는 것이 좋다. 그렇게 되면 그 단어에 대해 완벽하게 의미와 사용법을 정복하게 된다.

우리는 보통 단어의 전체적인 윤곽을 파악하기보다는 우선 당장 해석에 필요한 뜻만 찾아보는 경향이 있다. 그렇게 해서는 영어단어를 정복하기 힘들다. 모르는 단어가 나왔을 경우 그 단어의 모든 품사에 대한 뜻을 다 써놓는 것이 절대적으로 중요하다. 그래야만 내가 그 단어를 사용할 수도 있고, 또한 해석을 정확하게 할 수 있다. 처음에 좀 시간이 들고 귀찮더라도 단어가 갖고 있는 모든 품사의 의미를 적어놓는 습관을 갖도록 해야 한다. 그리고 단어의 품사별로 뜻이 전혀 다른 것이 여러 개가 나올 경우 전부를 다 기록해서 외우도록 한다. 이러한 방식으로 영어단어를 머리에 장기기억 시키면, 영어단어를 완벽하게 정복할 수 있다.

영어사전을 외우는 단계별 요령

1단계: 중요 단어 뜻만 중점적으로 보면서 지나간다

1회에서 7회독까지는 주로 발음과 단어 뜻을 중심으로 보면서 훑어보는 식으로 지나간다. 다시 말해서 먼저 발음을 한두 번 읽고 나서 사전의 단어 뜻을 한두 번씩 읽으면서 지나가는 것이다. 절대 외우려고 하지 말고, 한두 번씩 그 뜻을 읽고 지나간다. 이때 그 뜻에 밑줄을 연필로 치는 것을 잊어서는 안 된다. 사전을 보면 단어의 의미가 여러 개인 경우, 대부분 그 의미들 앞에 번호가 부여 되어있다. 예를 들어 한 단어의 의미가 5개인 경우 일련번호가 1번부터 5번까지 단어의 의미를 분류해서 설명하고 있다. 그러므로 단어의 뜻을 공부할 때 그 번호를 찾아서 그 단어의 의미에 각각 5개의 의미에 밑줄을 치는 식이다. 이렇게 단어의 의미에 밑줄을 치도록 하는 이유는 다음 같은 이유 때문이다. 사전 전체를 한 번 보고 난 후, 2회독에 들어갈 때 단어의 뜻을 재빨리 찾기 위함이다. 그렇게 하면 단어공부를 하는 데 많은 시간을 절약할 수 있게 된다.

이와 함께 단어를 처음에는 연필로 표시하다가 2회독 이상부터는 다른 색의 필기구를 사용하여 표시한다. 이것은 다양한 색깔의 필기구를 활용하여 잘 외어지지 않는 단어를 눈에 잘 띄게 하려는 것이다. 단어를 여러 번 반복해서 공부하는데도 불구하고 잘 외어지지 않는 경우 처음 연필로 밑줄을 그은 위에 다양한 색깔의 필기구를 사용해서 덧칠한다. 이것은 잘 외어지는 단어와 차별화를 시키기 위함이다. 예를 들어 잘 외어지지 않는 단어에 빨강색 볼펜이나 파랑색 볼펜을 이용하여 그 단어의 뜻에 다시 밑줄 등을 긋는 것이다. 그러면 나중에 잘 외어지지 않는 단어에 보다 집중력을 발휘하도록 유도할 수 있게 된다. 즉 쉽게 외어지는 단어나 이미 알고 있는 단어들은 순식간에 지나가고, 잘 외어지지 않는 단어들에게 좀 더 신경을 많이 쓰는 것이다. 이러한 방식으로 사전의 모든 단어를 꾸준히 반복해서 보면, 나중에 모든 단어를 완벽하게 암기할 수 있게 된다.

2단계: 굵은 글씨체로 되어있는 숙어를 익힌다

영어 사전을 5~7회 반복해서 보면 많은 단어가 자연스럽게 익히게 된다. 그렇게 되면 이번에는 서서히 숙어에 대해 암기를 시도해야 한다. 보통 단어와 관련된 숙어가 그 단어의 의미 밑에 숙어가 굵은 글씨로 소개되고 있다. 어느 정도 단어가 눈에 들어오면 이제는 숙어 쪽으로 관심을 돌려야 한다. 대략 영어사전을 7번 정도 본 후에는 숙어에 신경을 써야 된다. 숙어를 외우는 요령도 단어의 의미를 외우는 방법과 동일하다. 처음에는 연필로 그 숙어의 의미에 밑줄을 그어가면서 훑어보면서 지나간다. 한두 번씩 소리를 내어 읽어보면서 지나간다. 그 자리에서 숙어를 완벽하게 외우려고 하지 말고, 한두 번씩 읽으면서 지나간다. 다시 한 번 말하지만 단 한 번에 외우려고 애를 쓰지 말고 자주 반복해서 사전을 여러 번 끝까지 보면서 자연스럽게 기억하도록 유도한다. 그러므로 사전의 첫 페이지부터 끝 페이지까지 최소 20번 이상 반복해서 본다는 각오로 임해야 한다. 여러 번 반복해서 그 의미를 보고 지나가면서 자연스럽게 외우도록 유도하는 것이다.

3단계: 예문을 모두 익힌다

사전을 14번 반복해서 본 이후부터는 이제 단어와 관련된 예문을 암기하도록 노력해야 한다. 반드시 그 단어가 영어문장에서 어떤 상황에서 사용되는지를 파악하기 위해서는 그 단어가 사용된 예문을 알고 있어야 한다. 그래야만 그 단어를 적절하게 사용할 수 있는 능력을 기르게 된다. 단어가 어떤 상황에서 사용되는지를 알지 못하면 원어민이 이해할 수 없는 영어를 말하고 쓰게 된다. 따라서 우리는 항상 그 단어가 어떤 상황에서 어떤 의미로 사용되는지를 항상 파악하려고 노력해야 한다. 그렇게 하기 위해서 우리는 사전에 나와 있는 예문을 암기하는 것이 가장 바람직하다는 사실을 깨달아야만 한다.

특히 그 단어와 관련된 예문에서 뒤에 어떤 전치사가 나오는지 혹은 어떤 형식으로 사용되는지 혹은 어떤 형태의 단어들이 오는지를 항상 주의해서 암기할 필요가 있다. 결국 영어는 외국어이기 때문에 우리가 멋대로 영작해서 사용할 수 없다. 영어를 완벽하게 구사하기 위해서는 원어민이 사용하는 방식을 그대로 본 따서 사용하는 것이 가장 훌륭한 방법이다. 따라서 우리는 사전의 예문을 통해서 영어가 사용되는 형태를 눈여겨보아 그들이 사용하는 방식을 배워 그대로 따라서 하는 것이 매우 중요하다.

추천수능사전 : 에센스 수능영어사전, 민중서림
제넥스 영한사전(수능형), 두산동아

5. 발음을 정복하라

영어에서 발음은 매우 중요하다. 발음이 정확하지 않으면 외국인과 의사소통이 어렵다. 발음이 안 좋으면 상대방이 잘 알아듣지 못해 회화에서 치명적으로 낭패를 당하게 된다. 그런 일이 자주 반복되면 영어에 자신감이 떨어지게 된다. 나중에 영어회화 자체를 포기하게 된다. 외국에 나가서 현지 외국인과 대화를 하게 되면 가장 문제가 되는 것이 발음이다. 여러분이 아무리 쉬운 단어도 올바르게 발음을 하지 못하면 외국인들은 알아듣지 못한다. 오렌지의 정확한 발음을 몰라서 미국사람과 의사소통에서 어려움을 겪었다는 뉴스가 한 동안 우리 사회에서 화제가 되었다는 사실을 여러분은 잘 알 것이다. 그만큼 영어에서 발음은 상대방과 의사소통하는데 매우 중요한 역할을 한다. 유창한 영어는 구사하지 못한다 하더라도, 정확하게 발음을 할 수 있다면 상대방과 의사소통은 얼마든지 가능하다.

영어에서 발음이 차지하는 비중이 매우 큰 만큼 원활한 의사소통을 위해서는 발음에 대해 나름대로 정복할 수 있는 방도를 찾아야만 한다. 요즘은 원어민이 녹음한 여러 교재들이 많이 있어서 수월하게 발음을 배울 수 있다. 그러나 영어를 마스터하기 위해서는 회화교재를 가지고는 영어를 마스터할 수가 없다. 따라서 영어발음에 대해서는 본인이 혼자서 해결해야 하는 경우가 보통이다. 우선 전자사전을 활용하면 대부분 발음을 듣고 배울 수가 있다. 항상 단어를 찾을 때 발음을 같이 습득할 수 있도록 발음에 대해 신경을 써야한다. 어느 정도 발음에 대해 능숙해질 때까지 전자사전 등을 활용하여 발음에 대해 제대로 익히도록 해야 한다. 새로운 단어를 익힐 때마다 전자사전 등의 발음을 통해서 정확한 발음법을 연습해 보는 습관을 가져야 한다. 이러한 방식으로 해서 어느 정도 숙달되면 혼자서 단어의 발음기호만 보고 발음을 할 수 있게 된다.

중요한 것은 그 다음 단계이다. 발음기호만 보고 영어단어의 발음을 할 수 있게 되면 그때부터 새로운 단어를 찾을 때마다 자신이 생각했던 발음과 다를 경우에는 발음기호를 써놓는 것이 좋다. 특히 발음이 헷갈리는 경우 반드시 단어의 발음기호를 밑에다 표시해 두는 버릇을 기르는 것이 좋다. 중요한 것은 사전에 나온 발음기호를 보고 정확하게 발음을 낼 수 있느냐 하는 점이다. 처음에 발음기호를 보고 정확한 발음을 하기 어렵다면, 사전의 발음기능 등을 이용하여, 사전의 발음기호를 정확하게 발음하는 법을 배우는 것이 중요하다.

발음에서 흔히 문제가 되는 경우를 보면 사전에 나온 대로 발음을 하는 것이 아니라, 자기 멋대로 발음을 하는 경우다. 다시 말해서 한국식 외래어 발음으로 말하거나 스펠링을 보고 자기 임의대로 발음하여 상대방이 알아듣지 못하는 결과를 초래한다. 자, 다시 오렌지 발음으로 돌아가 보자. 17대 대통령 인수위원장이었던 이경숙 숙명여대 총장이 유학시절 미국에 가서 오렌지 발음 때문에 의사소통에 어려움을 겪었다는 사실을 공개적으로 말한 적이 있다. **orange**의 발음을 사전에서 찾아보면 '**오-륀지**' 혹은 '**아륀지**'라고 표기되어 있다. 사전에 표기된 대로 발음만 했어도 상대방이 쉽게 '**오렌지**'라는 과일을 알아들었을 것이다.

우선 영어사전에 나오는 발음기호를 정확하게 읽는 방법을 숙달해야 한다. 새로운 단어를 만날 때마다 그 단어의 발음을 사전을 통해서 정확하게 익히는 것을 습관화하는 것이 중요하다. 그렇게 영어단어의 발음을 익히면 발음 때문에 외국인과 소통이 안 되는 상황이 발생하는 경우는 없을 것이다. 처음에 번거롭다하더라도 반드시 사전에 나온 발음기호대로 발음하는 훈련을 하는 것이 반드시 요구된다. 그러면 발음의 90%는 해결된다.

여기에다 또 한 가지 중요한 사항은 악센트(accent)이다. 악센트의 위치가 어디 있는지를 잘 파악하여 악센트가 있는 모음을 강하게 발음하는 것이다. 영어를 말하는 데 있어서 악센트가 굉장히 중요시 된다. 대개의 경우 악센트의 부분만 영어가 들리는 경우가 허다하다. 악센트는 우리말로 강세라고 번역이 되는데 단어가 긴 경우 강세가 두 개가 나오는 경우가 있다. 다시 말해서 제1강세와 제2강세가 있다. 제1강세 부분을 제일 강하게 발음하고 제2강세는 두 번째로 강하게 발음하는 것이 그 요령이다. 예를 들어 호텔(hotel)

의 단어를 보자. 이 단어의 강세는 tel에 있기 때문에 '호'는 작게 들리고 '텔'은 크게 들린다. 이번에는 잡지(magazine)의 경우를 보자. 이 단어의 발음은 '매거지-인'이다. 이 단어의 제1강세는 '지'이고 제2강세는 '매'에 있다. 따라서 '지-'를 제일 강하게 발음하고 '매'를 두 번째로 강하게 발음하게 된다. 이러한 영어의 강세를 주의해서 강세가 있는 부분을 강하게 발음하고 강세가 없는 부분은 약하게 발음해야 한다는 사실을 꼭 명심하기 바란다.

그 다음에 f와 p의 발음, j와 z의 발음, v와 b의 발음, 그리고 r과 l발음을 주의해야 한다. 그밖에 th의 발음도 주의해야 한다. 이러한 것은 우리가 처음에 발음하기도 어렵고, 구별하기 힘들지만 본인이 꾸준히 노력을 하면 이러한 발음들을 올바르게 할 수 있게 된다. 파닉스에 관한 책이나 기초 영어발음에 관한 책을 보면, 영어발음에 대한 설명이 매우 상세하게 잘 나와 있다. 본인이 조금만 신경 쓰면 영어의 발음법을 잘 익힐 수가 있다. 영어발음이 굉장히 중요하다는 사실을 인식하고 항상 발음에 신경을 쓰면서 노력을 경주하면, 얼마든지 영어발음은 향상시킬 수 있다.

발음에서 또한 중요한 것은 발음기호의 t발음이다. 특히 미국인들은 이 t의 발음을 'ㄹ'로 발음하는 경향이 많다. 따라서 우리는 이러한 상황에 익숙해져야 한다. 예를 들어 **워-터**(water)의 발음을 '**워-러**'라고 발음하는 것이 그것이다. '**컴퓨-터**'를 '**컴퓨-러**', '**인터넷**'을 '**이너넷**' 등으로 발음하는 것을 우리는 흔히 들을 수 있다. t발음을

'ㄹ'로 발음하는 것에 항상 익숙해져야 한다. 아울러 단어와 단어를 연결해서 발음할 때 발생하는 연음현상에 대해서도 우리가 주의를 기울여야 한다. 앞 단어의 끝부분과 뒤에 나오는 단어가 서로 연결되어서 발음하는 현상에 주목하고 이러한 연음발음에 익숙해지도록 해야 한다. 예를 들어 미국인들이 Did you를 '**디드유-**'라고 발음하지 않고 '**디쥬-**'로 발음하는 것이다.

여러분이 아무리 영어를 잘 이해하고 영어에 정통하다 하더라도 발음이 좋지 않다면, 외국인과 의사소통이 어려운 정도가 아니라 불통이 된다는 사실을 깨달아야 한다. 정확하고 올바른 발음을 할 수 있도록 본인 자신이 항상 노력을 기울여야 한다. 영어발음은 반드시 영어사전에 표기된 대로 해야 한다는 사실을 명심하고, 사전에 표기된 대로 발음하려고 노력한다면 외국인과 소통하는데 큰 어려움은 없을 것이다.

6. 동사패턴을 철저하게 파악하라

문장의 패턴을 파악하는데 있어서 가장 중요한 부분이 바로 동사이다. 동사가 어떤 동사의 성격으로 사용되었느냐에 따라 문장의 패턴이 결정된다. 동사의 성격은 동사의 뒤에 나오는 어구의 형태와 연관을 지어서 판단해야 한다. 그리하여 문장이 1형식, 2형식, 3형식, 4형식, 그리고 5형식으로 판단을 내릴 수가 있다. 문장형식이 정확하게 파악된 후에만, 정확한 해석이 가능하게 된다. 문장에서 동사의 패턴을 정확하게 파악하는 것이 정확한 해석의 관건이다. 이러한 사실을 비추어 볼 때 영어문장에서 동사에 대한 정확한 용법의 이해가 영어공부의 결정적이라고 말할 수 있다. 따라서 영어정복의 결정적인 키(key)인 동사의 성격과 역할에 대해 우리는 확실하고 철저한 이해가 필요하다는 사실을 명심해야 한다. 이제부터 영어문장에서 동사의 패턴을 정확하게 분석하기 위해서 알아야 할 사항에 대해 한번 알아보기로 하자.

보통 동사는 성격에 따라 타동사와 자동사로 크게 구별된다. 타동사는 뒤에 목적어를 취한다. 타동사가 나온 문장을 3형식 문장이라고 부른다. 이에 반해 자동사로 사용되었을 경우 완전자동사는 1형식 문장을 이끌고, 불완전자동사는 2형식 문장을 이끈다. 1형식

문장은 주어와 동사만으로 문장이 성립되는 경우이다. 가장 간단하면서 기본적인 문장 형태라고 말할 수 있다. 그리고 2형식 문장은 동사 다음에 보어가 나와야 한다. 그러므로 문장에서 동사가 타동사로 사용되었는지 자동사로 사용되었는지를 파악하는 습관을 가져야 한다. 타동사이냐 혹은 자동사이냐에 따라 문장의 형식이 1형식, 2형식, 3형식 문장으로 정해지기 때문이다. 문장의 형식이 분명하게 파악되어야 정확한 문장의 의미를 파악하는 것이 가능하다. 동사는 한 가지 성격으로만 사용되는 경우는 거의 드물다. 동사는 보통 타동사의 뜻도 있고 자동사의 뜻도 가진다. 따라서 대부분의 동사들은 실제 문장에서 타동사와 자동사 두 가지의 성격으로 사용될 수 있다. 그렇기 때문에 문장의 구성을 보고, 동사가 타동사인지 자동사인지 여부를 정확하게 구별하는 능력을 기르는 것이 중요하다.

동사는 간단하게 타동사 자동사로만 구분되는 것은 아니다. 여러분도 이미 짐작하겠지만 문장의 형태에는 4형식 문장도 있고 5형식 문장도 있다. 4형식동사를 보통 수여동사라고 부른다. 4형식동사는 뒤에 간접목적어와 직접목적어가 나오게 된다. 간접목적어는 주로 사람이 나오고 직접목적어는 주로 사물이 나온다. 즉 목적어가 두 개가 연이어서 나오는 것이다. 4형식동사는 '사람에게 사물을 준다.'는 개념을 지녀서 수여동사라는 부른다. 해석도 여기에 맞추어 하게 된다. 여기서 주의할 점은 4형식 문장에서 간접목적어와 직접목적어의 위치를 서로 바꿀 수 있다는 점이다. 이때 문장의 형태는 3형식으로 변하고 간접목적어 앞에 전치사를 붙이게 된다. 그러므로 이러한 문장의 전환에 대해서도 깊이 연구를 해야 한다.

5형식문장에서는 동사가 불완전타동사이다. 불완전타동사이기 때문에 동사 뒤에 목적어가 나오고 이어서 이 목적어와 연관된 목적격보어가 나오게 된다. 목적어와 목적격보어는 서로 긴밀한 연관을 갖게 된다. 다시 말해서 목적어는 목적격보어의 의미상의 주어 역할을 하고 목적격보어는 술어역할을 하게 된다. 목적어와 목적격보어 두 부분을 따로 떼어내면 하나의 문장으로 만들 수 있게 된다. 즉 문장에서 필요한 두 가지 구성요소 주부와 술부가 완벽하게 갖춰져 있다고 보면 된다. 그러므로 5형식문장에서 해석요령은 목적어를 주어처럼 그리고 목적격보어를 술부처럼 해석하는 것이 중요하다.

동사는 여러 형식으로 사용될 수 있다는 점을 유의해야 한다. 한 개의 동사가 1형식부터 5형식에 이르기까지 다 사용되는 경우도 있다. 그러므로 동사가 몇 형식 동사로 사용되었는지에 따라 동사의 뜻이 달라진다는 점을 명심해야 한다.

ex) make 동사

1형식 (~향해가다)	I **made** toward the island.
2형식 (~이 되다)	She will **make** a good wife.
3형식 (만들다)	**Make** hay while the sun shines.
4형식 (만들어 주다)	He **made** me a doll.
5형식 (~하게 만들다)	He **made** me happy.

그리고 또 한 가지 중요한 것은 동사 뒤에 어떤 형태가 오는지를 파악해야 한다. 동사가 몇 형식의 동사로 사용되는지를 파악해야 함은 물론이고, 동사 뒤에 오는 형태가 부정사를 취하는지, 혹은 동명사를 취하는지, 혹은 that절을 취하는지 등을 확실하게 파악해야 한다. 영어정복은 동사의 정복에서 결정적으로 판가름 난다. 항상 사전에 예문과 영어문장에 나오는 동사의 형태를 눈여겨보는 습관을 길러야 한다. 각각의 동사마다 그 사용 패턴을 익히는 것이 중요하다. 동사를 정복하면 영어의 50%는 정복한 것이라고 보면 된다. 그러므로 여러분은 동사의 뜻만 아니라 동사의 사용법에 대해 완벽하게 익숙해지도록 노력해야 한다.

이 뿐만 아니라 동사가 능동태로 사용되는지 아니면 수동태로 사용되는지를 잘 파악해야 한다. 즉 능동태일 때 의미와 수동태일 때의 의미의 변화를 정확하게 파악하고, 이를 내가 활용할 수 있어야 한다. 영어에서는 능동의 의미와 수동의 의미가 다르게 되기 때문에 이러한 의미의 변화를 잘 파악하고 이를 자유자재로 내가 활용할 수 있도록 해야 한다.

그 밖의 동사의 활용 형태로서 자동사일 경우 보통 뒤에 전치사를 붙는 경우가 많이 있다. 동사가 자동사로 사용되었을 경우 어떠한 전치사가 주로 사용되는지 그리고 그 의미는 어떻게 되는지를 항상 염두에 두고 파악해야만 한다. 그리고 타동사일지라도 목적어 뒤에 전치사가 어떻게 연결되어 사용되는지도 눈여겨보아야 한다.

항상 영어공부를 할 때 주목해야 하는 것은 동사의 패턴을 익히는 일이다. 영어는 외국어이기 때문에 우리가 마음대로 영어문장을 만들기보다는 원어민들이 사용하는 방식을 익히는 것이 매우 중요하다.

결론적으로 영어문장에서 가장 중요한 점은 동사가 문장의 패턴을 형성하는데 결정적인 역할을 한다는 사실이다. 문장에서 동사의 성격에 따라 문장의 형태가 정해지는 만큼 동사의 성격을 철저하게 연구하고, 그에 따른 의미를 정확하게 파악해야 한다. 그 이유는 동사의 성격과 의미를 정확하게 이해한다면 전체적인 영어문장의 형태와 의미를 손쉽게 파악할 수 있기 때문이다. 그러므로 우리는 항상 동사의 특성과 의미를 통달하는 것이 영어문장을 해석하고 또한 영어문장을 만들 때 매우 긴요하다는 사실을 알아야한다.

여러분은 하나의 동사가 몇 형식의 동사로 사용되는지 그리고 동사의 뒤에 어떤 형태가 나오는지를 철저히 파악하는 훈련을 해야 한다. 하나의 동사가 다양하게 쓰일 수 있다는 점을 인식하고 이를 전체적으로 파악하려는 노력을 기울여야 한다. **동사의 정복이 영어문장 정복의 관건**이라는 사실을 한시라도 잊어서는 안 된다.

7. 하나를 알더라도 정확하게 알아라

영어를 완전하게 마스터하기 위해서는 단어 하나하나에 대해서 사용법을 정확하게 파악하는 것이 매우 중요하다. 문장에서 단어가 어떻게 사용되었는지를 분명하게 이해를 하여야 한다. 그렇지 않을 경우 그 단어를 내가 활용할 수가 없게 된다. 단어의 쓰임새를 정확하게 파악하고 그것을 머릿속에 잘 기억시켜놓아야 한다. 대충 문장의 뜻이 파악된다고 해서 그냥 문장만 외우면 절대 안 된다. 문장 속에서 그 단어가 어떤 역할로 사용되었는지를 완벽하게 이해하고 넘어가야 한다. 한 문장에서 나온 단어들의 구성이 모두 완벽하게 이해되고 파악되었을 경우에만이 내가 그 문장을 100% 이해하고, 더 나아가 내가 그 문장을 자유자재로 활용할 수 있다.

지금까지 영어공부가 시험 위주였기 때문에 대충 해석만하고 넘어가면 그만이었다. 문장 구성에 대해 크게 신경을 쓸 필요 없이 빨리 뜻을 파악하는 것이 중요했다. 그러나 영어를 마스터하기 위해서는 그렇게 두루뭉술하게 영어문장을 다루어서는 안 된다. 여러분은 이제 일반인으로서 학교 시절의 영어공부 방법에서 과감하게 벗어나야 한다. 영어를 마스터하기 위해서는 하나를 알더라도 정확하게 아는 훈련을 해야 한다. 학교 시절에서 점수 따기 위주의 영어공부에서 완전히 탈피해야 한다. 학교 시절의 영어시험에서는 누가 빨리 답을 잘 찍느냐가 관건이었다. 출제자가 원하는 것만 재빨리 파악해서 답을 쓰면 그만이다. 여기에 답을 빨리 찾기 위한 요령과 편법만이 난무한다. 그러나 보니 진정한 영어공부는 신경을 쓸 거를이 없다.

그러나 이제는 영어마스터를 위해서는 공부방법의 대전환이 요구된다. 영어마스터는 문장 하나하나 그리고 단어 하나하나의 정확한 사용법과 의미, 그리고 역할에 대해서 완벽한 분석과 이해를 필요로 한다. 단어에 있어서도 마찬가지다. 단어 하나하나의 품사와 용법 그리고 의미에 대해서 분명하게 파악하지 않으면 안 된다. 보통 사전을 보면 한 단어가 여러 가지의 품사로 사용된다는 것을 쉽게 알 수 있다. 영어 set이라는 단어의 경우 품사가 동사, 형용사, 감탄사, 명사로 사용되어진다. 그리고 동사의 경우에도 타동사와 자동사로 사용될 수 있다. 즉 set의 단어가 어디에 위치하느냐에 따라 그 품사가 결정되며 의미 또한 다르게 된다. 또 동사로 사용된 경우 그것이 타동사로 사용되었는지 자동사로 사용되었는지를 잘 파악해야 한다. 거기에 맞춰 해석이 정확하게 이루어져야 한다. 이렇듯 단어들은 한 가지 품사로만 사용되어지는 것이 아니라 다양한 품사로 사용하게 된다. 그러므로 한 단어가 품사에 따라 의미와 용법이 어떻게 바뀌는지에 정통할 필요가 있다.

문장에서 단어 하나하나가 어떻게 사용되었는지를 정확하게 알아야 한다. 문장을 구성하는 모든 단어들에 대해 분명한 의미와 역할을 확실하게 이해하고 넘어가는 습관을 가져야 한다. 그래야만 그 단어들에 대해 완전히 나의 것으로 만들 수 있는 것이다. 기본영문법의 지식을 바탕으로 문장의 패턴을 정확하게 파악하는 능력을 계속 훈련해야 한다. 이런 훈련을 반복적으로 계속하다 보면, 영어 문장이 어느 순간에 자동적으로 파악되는 순간이 오게 된다. 다시 말해서 우리가 한국어로 된 글을 읽으면서 바로 이해하듯이, 영어 문장을 바로 읽으면서 동시에 이해가 되는 순간이 오는 것이다. 그 때가 바로 영어의 마스터의 경지에 다다르게 되는 순간이다.

하나를 알더라도 정확하게 알도록 노력해야 한다. 이러한 훈련은 문장을 다룰 때마다 해야 한다. 처음에는 이러한 방식이 매우 힘이 들고 시간이 많이 걸릴 수도 있지만, 영어마스터를 하기 위해서는 필수적으로 해야 하는 과정이다. 문장 5형식의 패턴을 바탕으로 문장의 패턴을 파악하고 기본영문법의 지식을 활용하여 문장의 구성에 대해 완벽한 분석이 뒤따라야만 한다. 그리고 사전에 나와 있는 예문과 용법의 해설을 참고한다. 그러면 해석을 정확하게 할 수 있게 된다. 이렇게 문장 하나하나 완벽하게 파악해서 나의 것으로 만드는 과정이 수반될 때 우리가 바라는 영어마스터의 경지에 도달하게 된다. 반드시 영어문장의 정확한 분석과 이해를 한 후에야, 비로소 마스터의 다음 단계인 외우기 과정으로 넘어갈 수 있다. 영어마스터에서는 공부를 대충해서는 안 된다. 왜냐하면 내가 그 문장을 완전하게 분석하여 이해하지 못하면, 그 문장을 자유자재로 활용할 수 없기 때문이다.

8. 읽기, 말하기, 쓰기를 동시에 하라

영어를 공부하는데 있어서 중요한 것이 읽기, 말하기, 쓰기이다. 이제까지 이 세 가지를 따로따로 공부하는 경우가 많았다. 그러나 이 세 가지를 동시에 해야 한다. 영어 읽기는 영어를 익히는데 가장 중요한 방법이다. 우리는 영어를 읽는데 눈으로 읽지만 그래서는 안 된다. 반드시 소리 내어서 읽어야 한다. 그렇게 하기 위해서는 단어의 정확한 발음을 잘 알아야 한다. 정확한 단어의 발음에 맞춰서 읽는 연습을 해야 한다. 발음을 영어에서 매우 중요시해야 한다. 영어단어는 사전에 나와 있는 발음기호를 보고 발음을 흉내 내어야 한다. 발음하기가 쉽지 않으면 전자사전에서 발음기능을 이용해서 따라 하면 된다. 요즘 전자사전에는 대개 단어의 발음기능이 있다. 정확한 발음으로 문장을 읽는 연습을 부단히 해야 한다.

영어를 배우는 목적이 외국인과 의사소통을 위한 것이라면 특히 읽기, 말하기, 쓰기를 잘해야만 한다. 앞으로 영어공부의 흐름은 외국인과 자유로운 의사소통을 중요시하는 방향으로 나아가고 있다. 그러나 우리 한국 사람들은 의사소통에 가장 약하다. 미국 타임지를 보는 사람이 외국인과 간단한 대화조차 못하는 경우도 있는 실정이다. 한마디로 절름발이 영어를 하고 있는 셈이다. 언어의 가장 중요한 기능이 상대방과 원활한 의사소통을 하는 것인데, 의사소통은 거의 못하고 어려운 문장을 해석하는 것은 잘하는 기현상이 나타나고 있다. 상황이 이러다 보니 어디 가서 영어를 제대로 한다는 소리를 하지 못한다. 영어를 공부하느라고 청춘을 다 보내면서 엄청난 시간과 노력을 투입했지만 외국인과 만나면 꿀 먹은 벙어리가 된다. 이러한 현상은 바로 영어를 오로지 시험점수를 따기 위한 공부에 매진했기 때문이다.

외국인과 자유자재로 의사소통을 하기 위해서는 읽을 때 큰 소리로 읽어야 한다. 큰 소리로 읽지 않으면 외국인과 대화 시 말이 잘 나오지 않는다. 영어문장을 가급적 큰 소리로 읽는 연습을 해야 한다. 우리는 영어문장을 큰 소리로 읽는 연습을 잘하지 않는다. 그래서 영어를 잘 말하지 못하는 것이다. **영어공부의 가장 중요한 방법은 영어를 큰 소리로 반복해서 읽는 훈련을 열심히 해야 하는 것이다.** 우리는 영어읽기가 얼마나 중요한지를 전혀 깨닫지 못하고 있다. 우리는 영어공부를 단어 열심히 외우고, 영어문장을 눈으로 읽고, 해석하는 것을 공부라고 생각한다. 그리고 영어문제집을 푸는 것이 영어공부라고 크게 착각하고 있다.

한번은 필자가 초등학생 5학년 학생의 어머니와 영어공부에 관한 상담을 한 적이 있다. 그래서 그 학생의 어머니와 공부 방법에 대해 조언을 해 주었다. 기본적인 영어문법을 배우고 문장공부를 통해 영어실력을 향상 시키는 것이 좋겠다는 식으로 조언을 해 주었다.

그러자 그 어머니는 "왜 문제는 풀지 않느냐?"면서 이의를 제기하였다. 한 마디로 안타까웠다. 그 아까운 시간에 시험점수나 올리려고 문제집을 풀면서 시간을 허비하자는 이야기다. 물론 연습문제를 많이 풀면 일시적으로 시험점수가 약간 올라갈 수 있을지도 모른다. 그러나 길게 보았을 때 영어공부의 질을 심각하게 왜곡시키는 결과를 초래한다는 사실을 그 어머니는 이해하지 못하고 있다. 문법을 영어공부에 목적으로 하면 장기적으로는 영어점수가 크게 오르지 않을 뿐만 아니라, 그보다 더욱 안 좋은 것은 자녀가 영어에 흥미를 잃게 하는 결정적인 실수를 저지르게 되는 것이다.

평소에 영어를 큰 소리로 읽는 연습을 하지 않았기 때문에, 수년 간 영어를 열심히 공부해도 말 한마디를 제대로 하지 못하게 되는 것이다. 사실 영어실력이 탄탄한 사람은 영어회화를 외국인에게 전혀 배울 필요가 없다. 한국인이 만든 영어 회화교재를 3~4권만 완벽하게 암기하고 있으면, 외국에 가서 유창하게 외국인과 대화하면서 생활하는데 전혀 불편함을 느끼지 못한다. 필자는 영어원서를 해석하는 사람이 영어회화를 배우러 학원에 다니는 것을 보면 전혀 이해가 가지 않는다. 서점에 가면 한국 사람들이 만든 좋은 회화교재가 널려 있다. 마음에 드는 교재 2~3권을 사서 완벽하게 암기하면, 외부의 도움 없이 얼마든지 영어회화를 유창하게 할 수 있는데, 무엇 때문에 돈을 주면서 학원에 다니는가. 한마디로 영어공부에 대한 잘못된 사고방식이 지배하고 있기 때문이 아닌가 생각한다.

여러분이 기본적인 영문법 실력을 갖추고 있어서 영어문장을 읽고 해석할 수 있다면, 굳이 외국인에게 회화를 배우지 않더라도 얼마든지 영어회화를 잘할 수 있다. 그 방법은 영어문장을 혼자서 큰 소리로 읽는 연습을 하는 것이다. 그리고 그 문장을 암기하는 것이다. 한 문장을 30번에서 50번 반복해서 큰 소리로 읽는 연습을 하면, 그 영어문장은 자동으로 암기가 된다.

또한 영어문장을 반복해서 큰 소리로 읽으면, 영어를 읽는 것이 매우 유창하게 될 수밖에 없다. 읽기를 통해서 유창하게 영어문장을 말할 수 있는 능력을 갖게 된다. 동시에 그 문장을 암기하면서 바로 영작에 활용할 수 있다.

읽기를 통해서 영어 읽기, 말하기, 그리고 영작능력까지 실력을 기르게 되는 것이다. 말하기를 따로 공부할 필요가 전혀 없다. 영작을 따로 시간을 내어 영작교재를 사서 공부할 필요가 없는 것이다. 왜 따로따로 공부하는가. 우리가 공부할 시간은 늘 한정되어 있다. 우리는 시간을 가장 효율적으로 사용해야 한다. 이제부터라도 영어공부에서 읽기, 말하기, 쓰기를 동시에 공부하는 방식으로 반드시 바꾸어야 한다.

9. 한 놈만 집중적으로 패라

　고등학교 때까지는 어쩔 수 없이 학교에서 시키는 대로 혹은 수
능점수를 잘 받기 위해서 문법중심의 공부를 해왔다. 또한 빠른 시
간 안에 답을 고르기 위한 수단과 요령을 익히기 위해 공부를 해왔
다. 그러나 이제는 달라져야 한다. 지금은 영어마스터에 도전해서
나의 인생의 목표를 국내에서 세계로 넓혀야 한다. 그렇게 하기 위
해서는 지금까지 영어공부 방식을 새로운 방식으로 바꾸어야만 한
다. 기존의 학교에서 공부하던 방식으로 한다면 영어마스터는 영
영 먼 나라의 이야기가 되고 만다. 고등학교 때까지는 자의 반, 타
의 반 영어공부에서 영문법에 치중할 수밖에 없었다. 그것이 꼭 나
쁜 점만 있는 것이 아니다. 기본적인 영문법의 기초를 확고하게 다
지는 것은 어떤 면에서 꼭 필요하기 때문이다.

　문제는 대학에 와서도 계속해서 영문법 공부를 지속한다는 점
이 가장 큰 문제다. 그것은 분명히 잘못된 길이다. 그러나 어느 누
구도 이를 지적하거나 시정하려고 하지 않는다. 그 이유는 사회에
서 아직도 영어시험 점수를 요구하는 시스템을 가지고 있기 때문이
다. 토익점수, 토플점수가 그것이다. 현재 토익점수에서 고득점을 받
으면 그것을 가지고 자신의 영어실력을 과시하고 있는 상황이다. 영

어시험에서 고득점을 받으면 대놓고 그것을 광고한다. 또한 사람들은 고득점을 받은 사람을 진짜 영어실력이 있는 것으로 착각한다. 다시 한 번 말하지만 영어시험 고득점이 바로 진짜 영어실력을 의미하지 않는다는 사실을 분명히 알아야 한다. 문법 규칙을 남보다 많이 안다고 해서 그가 영어실력이 뛰어난 것은 아니기 때문이다.

많은 한국인들이 영어공부에 있어서 잘못된 길로 걸어갔다. 그리고 그 결과는 비참했다. 영어독해는 어느 정도 가능했으나 언어의 가장 중요한 기능인 말하기와 쓰기가 전혀 되지 않았던 것이다. 지금 수많은 사람들이 이와 같은 상황에 직면하여 영어 때문에 하루하루 엄청난 스트레스를 받고 있다. 이제는 영어를 말하지 못하고 영작하지 못하면, 사회에서 생존을 담보할 수 없는 시대에 우리는 살고 있다. 지금은 진짜 사회생활에서 필요한 영어구사력과 영작능력을 키워야 한다. 그것이 진짜 영어실력을 키우는 일이다.

한번은 필자에게서 영어를 배우러 온 한 여성공무원이 말하기를 국가에서 영어를 잘하는 직원에게 외국연수를 보내 주는데 매년 해외연수를 한 여자가 독점해서 나간다고 말했다. 그 여성은 다른 여성공무원들과는 달리 유창하게 영어를 구사할 수 있는 유일한 여성이었다고 한다. 그 여자는 자신의 영어실력을 이용해서 앞으로도 계속 좋은 기회를 독식할 것이라고 한다. 국가에서 해외 연수나 출장 시 월급과는 별도로 해외 숙식비와 모든 여행 경비를 지불한다고 한다. 해외연수는 해외 경험을 쌓을 수 있어 당사자에게는 좋은 점이 한두 가지가 아니라고 한다. 어떤 경우는 1년씩이나 해외연수를 보내주기도 한단다. 앞으로도 계속 매년 해외 연수나 각종 해외출장이 잡혀 있지만 영어를 잘하는 사람만 보내기 때문에 자신은 앞으로도 나갈 가능성을 전혀 없다고 말했다. 그래서 과감하게 결단을 내려서 필자에게 영어를 배우러 온 것이라고 말했다.

이러한 현상은 공무원 조직에서만 일어나는 현상이 아니다. 각종 기관, 단체, 학교, 회사 등 모든 사회조직에서 일어나는 현상인 것이다. 상사의 입장에서는 영어를 잘하는 사람을 보내야 업무를 제대로 수행할 수 있기 때문에, 영어로 의사소통이 가능한 사람을 보낼 수밖에 없다. 그렇다면 영어의 가장 중요한 의사소통을 원활하게 하기 위해서 필히 영어마스터 공부를 해야만 한다. **하고 싶은 말을 자유자재로 구사하고 또한 글로 쓸 수 있는 능력을 갖게 해주는 영어마스터는 21세기의 한국 젊은이들에게 반드시 요구되는 능력이다.** 다른 사람들이 토플, 토익 시험에 올인 한다고 같이 따라 하지 말라. 사회는 학교처럼 인생의 길을 아무도 가르쳐주지 않는다. 인생에서 자신의 길은 자신이 찾아야 한다. 여러분은 더 이상 청소년이 아닌 성인이다. 시험점수 따기 위한 목적으로 영어를 공부할 것인가, 아니면 똑같은 노력으로 영어를 마스터를 할 것인가는 온전히 여러분이 마음먹기에 달려 있다.

영어마스터의 가장 중요한 키(key) 포인트는 바로 **한 놈만 패는 것이다.** 자, 곰곰이 생각해 보자. 왜 우리의 수많은 선배들이 영어를 중학교, 고등학교, 그리고 대학교 4년간 총 10년 이상 영어공부를 밤낮으로 열심히 공부했건만 절름발이 영어밖에 할 수 없었는가? 왜 극소수의 사람만이 영어를 마스터해서 사회에서 영어로 평생 잘 먹고 잘 살고 있는가? 영어를 열심히 했지만, 결국 영어를 마스터하는데 대부분의 사람들이 실패하고 인생이 평범하게 전락하고 말았는가? 그 이유는 바로 한 놈만 패지 않았기 때문이다. 영어책을 한 권만 정해서 그 책 내용을 완전하게 자기 것으로 만들면 영어를 마스터할 수 있다. 그러나 대부분 젊은이들이 너무나도 많은 종류의 책을 섭렵하기 때문에 영어마스터를 할 수 없었던 것이다. 시간과 노력을 한 곳에 집중적으로 투입한다면 단 1년 만에 영어를 완전하게 마스터 할 수 있지만 대부분이 그렇게 하지 않은 것이 가장 큰 영어 실패의 원인이었던 것이다.

필자의 과거 영어공부 방법도 다른 사람들과 크게 다르지 않았다. 필자가 대학 시절부터 본 것이 vocabulary 22000, vocabulary 33000, WORD POWER, 이재옥 TOEFL, 기타 회화 책, 대학 영어교재, 기타 원서 등 영어에 관한 두꺼운 책들을 대학 시절에 총 10권 이상 보았다. 그것도 한 권 당 3~4번씩 보았다. 토플 책은 총 7번을 보았다. 두꺼운 토플 책을 7번 보려면 그것만 2년이 걸렸다. WORD POWER는 미국 대학 1학년 학생들이 주로 보는 원서이다. WORD POWER는 4번 정도 보았다. 아울러 아이아코카 자서전도 나중에 보았다. 그러나 결과는 어땠는가? 영어를 마스터하지 못했다. 결코 필자가 곽영일 씨만큼 영어를 공부하지 못한 것은 아니다. 그러나 곽영일 씨는 영어전문가로 성공했고 필자는 그렇지 못했다. 누구는 영어전문가로 엄청난 부와 명성을 쌓았지만 왜 대부분의 사람들은 그렇게 하지 못했는가? 5년 아니라 10년, 아니 평생을 열심히 영어를 공부해도 영어마스터는 왜 불가능한가.

그 이유는 여러 가지 영어 책을 가지고 영어를 공부하기 때문이다. 여러 가지 책을 보면 수없이 많은 새로운 문장이 나오고 새로운 단어들이 한 없이 나온다. 그러다 보니 항상 해석하기 바쁘다. 단어 실력은 어느 정도 늘고 해석능력은 어느 정도 향상된다. 그러나 그것으로 끝이다. 항상 영어를 열심히 공부하지만 어디 가서 남에서 영어를 잘한다고 말할 수는 없다. 그 이유는 유창하게 영어를 구사하지 못할 뿐만 아니라, 영어로 글을 자유자재로 쓸 수 없기 때문이다. 물론 발음도 서툴다. 그 이유는 영어를 눈으로만 읽었기 때문이다. 간단한 회화는 그럭저럭 가능하지만 그게 전부다. 해석하고 단어 좀 많이 안다고 누가 알아주는가? 아무도 영어 잘한다고 인정해주지 않는다.

곽영일 씨는 한 우물을 팠다. 곽영일 씨는 영어회화만 집중적으로 공부했다. 그런 점에서 곽영일 씨는 영리했다. 그는 영어에서 회화분야만 정해서 5년 이상 팠기 때문에 성공의 가도를 달리게 되었다. 필자도 곽영일 씨만큼 영어를 했다고 자부한다. 그러나 결과는 하늘과 땅 차이다. 이렇게 볼 때 영어공부 방법이 얼마나 중요한 것인가를 뼈저리게 느끼지 않을 수 없다. 지금도 필자처럼 공부하는 사람이 대부분이다. 영어를 정복하기 위해서 밤을 새서 영어에 몰두하지만 영어는 할수록 어렵고 힘들다는 생각만 하게 된다. 어떻게 이 지겨운 영어를 마스터할 것인지 한없이 고민하게 만든다. 그래서 혹시 영어공부에 관한 좋은 정보라도 얻을까하고 영어전문가의 말을 찾아보면 무조건 열심히 하다보면 나중에 영어실력이 높아진다는 말만 씌어 있다. 영어 마스터에 관한 방법은 아예 언급조차 없다. 정신이 돌 지경이다. 유학은 왔는데 영어공부는 끝이 없고 이러지도 저러지도 못한다. 그놈의 영어 때문에 인생에 회의를 느끼는 것이 한두 번이 아니다. 만약 자식을 낳으면 외국인이 사는 동네에서 키워서 일찍부터 영어를 마스터시켜야 되겠다는 생각을 해본다.

여러분도 특정 분야만 집중적으로 공부하면 그 분야에 박사가 된다. 가령 영어회화만 공부를 집중적으로 한다든가 토플, 혹은 토익 분야, 아니면 문법분야 등 한 가지 분야만 공부하면 그 분야에서 명강사로 이름을 날릴 수 있다. 혹시 영어강사가 꿈이라면 그런 방법으로 공부하면 된다. 회화강사가 토익, 토플을 잘할 필요는 없다. 토익강사가 희망이라면 토익 책을 사다가 한 4년 잡고 처음부터 끝까지 달달 외워라 그러면 명강사로 뜬다. 그러면 앞길이 확 트인다.

필자는 여기서 영어를 1년에 마스터하는 방법을 여러분에게 알려주기 위해서 이 책을 쓰고 있다. 영어를 마스터하기 위해서는 영어를 완전히 마스터하기에 적합한 **영어 책 한권을 신중하게 선정해서 그것을 첫 페이지부터 마지막 페이지까지 완전히 암기하라는 것이다.** 그것이 영어를 마스터하는 가장 최선의 방법이다. 여러분은 필자가 젊은 시절부터 고생해서 수많은 시간과 노력을 영어공부에 투자했지만 영어마스터를 하지 못한 실패담을 뼈저리게 느껴야 한다. 필자의 실패가 필자의 실패만이 아니라 대부분의 한국 사람들의 영어 실패담이라는 사실을 여러분은 반드시 명심하기 바란다. 수많은 사람들이 영어에 심혈을 기울였지만 영어가 어렵다는 사실만 느끼고 좌절만 하고 있다는 사실은 절대 남의 이야기가 아니다. 바로 여러분의 미래 이야기이기도 한 것이다.

CHAPTER 05

유형곤의 6단계 단기간 영어 마스터 비법

English

1. 영어책을 신중하게 한 권 선정해라

영어를 마스터하지 못하는 가장 큰 이유 중의 하나가 바로 영어책을 여러 권을 가지고 공부한다는 점이다. 예컨대 단어, 숙어, 회화, 독해, 문법, 듣기공부에 관한 책들과 그밖에 영어원서, 기타 교재를 각각 구입해서 영어를 공부한다는 것이 가장 문제다.

단어 공부 하나만 보더라도 단어에 관한 책을 2~3권을 본다. 숙어도 마찬가지다. 동사에 관련된 숙어집, 전치사에 관련된 숙어집, 기타 숙어집 등 역시 숙어에 관한 책만 2~3권을 본다. 상황이 이렇다보니 영어공부에 관한 책만 5권에서 10권을 가지고 공부하게 된다.

사실상 영어책 한 권을 한 번 독파하는데도 적지 않은 시간이 걸린다. 그리고 영어책 한 권을 완전히 이해하기 위해서는 최소한 3번은 읽어야 한다. 그럼에도 불구하고 우리는 영어공부를 위해 너무나도 많은 책을 가지고 공부하고 있다. 그것이 영어 마스터의 가장 큰 걸림돌이다. 그래서 영어마스터가 4, 5년을 오로지 영어공부에만 몰두해도 될까 말까이다. 상황이 이러하다 보니 일반인들에게는 5년을 해도 10년을 해도 영어마스터가 힘든 것이다. 그래서 영어는 평생을 해도 공부하기 어렵다는 말이 나온다.

보다 중요한 것은 책 한 권을 완전히 이해한다고 해서 영어를 마음대로 활용할 수 있는 것이 절대 아니라는 점이다. 한 권의 책을 자유롭게 사용하기 위해서는 책 내용을 단지 이해만 해서는 아무 소용이 없다. 대부분의 사람들이 이해 단계에서 그치기 때문에 어디 가서 영어를 잘한다는 소리를 드러내놓고 말할 수가 없다. 즉 영어문장을 보면 그 뜻을 알 수 있지만, 그 영어문장을 자신이 만들어 사용할 수는 없다. 영어를 열심히 한 사람들이 대개 여기서 머물러있는 상태이다. 항상 영어공부를 열심히 하지만 남 앞에서 영어를 잘한다고 말 못하는 속사정이 여기에 있는 것이다. 자신이 하고 싶은 말은 척척 영어로 표현하고 글로 자유롭게 표현하기가 쉽지 않은 것이다. 이렇다 보니 영어를 수년 간 누구 못지않게 열심히 공부했지만 영어에 자신감이 생기지 않는다.

영어를 자유자재로 말로 표현하고 글로 쓸 수 있기 위해서는, 영어를 마스터하는 방법밖에 없다. 영어마스터를 하기 위해서는 영어문장을 완전하게 암기해야만 한다. 책 한 권을 마스터하려면 그 책을 수십 번 이상 반복해서 보아야만 가능하다. 솔직히 말해서 수십 번 봐서도 완전 암기가 거의 불가능하다. 영어책 한 권을 완전 마스터하기도 적지 않은 시간이 걸리는 데 영어공부를 단어 따로, 숙어 따로, 독해 따로, 문법 따로, 듣기 따로, 영작 따로, 회화 따로, 기타 영어원서를 따로 책을 사서 공부하다 보니 영어는 평생 해도 힘들다는 말이 절로 나오게 된다. 이 모든 책들을 단지 이해만 하는데도 수년을 몰입해야만 비로소 가능할 것이다.

그러나 여러분은 반드시 영어를 마스터해야만 사회에서 필요한 인재가 될 수 있다. 영어를 최단 시간 내에 마스터하는 유일한 방법은 영어에 필요한 모든 것들을 단 한 권의 책으로 해결하는 것이다. 우리는 항상 시간의 제약 속에서 살고 있다. 누구나 다 10년 동안 다른 일은 전혀 하지 않고 오직 영어공부만 하라고 한다면 거의 대부분의 학생들이 영어를 마스터하게 될 것이다. 그러나 그것은 특별한 경우를 빼고는 사실상 현실적으로 불가능하다. 그렇다면 우리는 제한된 시간 속에서 영어를 마스터하지 않으면 안 된다. 그래서 필자가 바로 1년이라는 시간에 마스터하는 방법을 제시하는 것이다.

영어를 1년에 마스터하기 위해서는 영어책을 1권 선정해서 그것을 먼저 완전하게 분석해서 이해한 후 언제든지 활용할 수 있게 처음부터 끝까지 완전하게 암기해야 한다. 그 첫 단계로서 **마스터할 영어교재 1권을 신중하게 선정해야 한다.** 이 영어교재 1권을 선정하는데 온 정성과 심혈을 기울여야 한다. 적합하지 못한 교재를 선정했을 경우 영어마스터에 심각한 타격을 주게 되고, 경우에 따라서는 영어마스터가 불가능해진다. 그러므로 마스터교재를 선정할 때는 다음과 같이 몇 가지 기준에 입각해서 마스터교재를 선정해야 한다.

1) 국제사회에서 많이 사용되는 표준적인 영어문장이 많이 나오는 영어책을 선택하라

우리가 영어를 마스터해서 사회에 나가서 업무를 보고 세계 사람들과 의사소통할 수 있는 표준적인 영어문장으로 구성된 영어책을 선정하는 것이 중요하다. 외국기업에서 근무하고 일할 때, 외국인과 비즈니스를 할 때, 그리고 그들과 사교적인 대화를 나눌 때 필요한 문장에 적합한 책을 선정해야 한다. 이러한 점을 고려할 때 미국 뒷골목에서 사용되는 어휘나 문장 등이 나오는 책을 피해야 한다. 세계 어느 나라 사람들과도 의사소통을 할 수 있는 표준적인 문장으로 되어있는 책을 골라야 한다. 우리는 항상 미국인만 상대하지는 않을 것이다. 경우에 따라서는 유럽인, 아시아인, 남미인, 중동인과도 상대해야 한다는 점을 염두에 두어야 한다. 따라서 너무 미국적인 표현이 나오는 문장이나 미국의 속어가 많이 나오는 책들은 가급적 피하는 것이 좋을 것이다. 영어를 구사하는 전 세계의 사람들에게 통용되는 표준적인 영어문장으로 된 책을 선택하는 것이 가장 좋다.

2) 쓸데없이 너무나 다양하고 많은 수식어가 나오는 소설책은 피하라

사회에서 거의 사용되지 않는 단어들이 많이 나오는 내용의 책은 피해야 한다. 예컨대 판타지 소설, 어린이들 상대로 쓴 동화적인 이야기, 각종 연애 소설, 공상과학소설 등은 마스터교재로는 적합하지 않다. 실제 사회에 나가서 거의 쓰지 않는 단어들이 너무 많이 나오기 때문이다. 그러나 사회생활을 다룬 소설책들은 추천할 만하다. 우리는 항상 시간이 제한되어 있다는 사실을 명심해야 한다. 제한된 시간 내에 영어를 마스터하기 위해서는 실제 사회에서 많이 사용되는 단어나 어휘로 되어 있는 책을 선정해야 한다. 그리고 너무나 현란한 문장의 책도 좋지 않다. 영어문법을 초월해서 작가의 언어적 유희가 난무하는 책도 바람직하지 않다. 문장이 너무 난해한 것도 제외시켜야 한다. 예를 들어 타임지 같은 잡지는 너무 어려운 단어들이 많이 나온다. 그리고 누구나 쉽게 이해할 수 있고 명확하게 뜻을 전달하는 그러한 문장으로 된 책을 선정해야 한다. 애매모호하거나 읽는 사람에 따라 여러 가지로 해석할 수 있는 문장들로 된 것도 피해야 한다. 가장 기본에 충실하고 표준적인 문장으로 된 책을 선정해야 한다. 항상 내가 국제사회에서 활동하게 될 때 많이 활용될 수 있는 문장으로 된 책을 고르는 것이 무난하다.

3) 너무 전문적인 분야의 책도 바람직하지 않다

특별히 자신이 앞으로 평생 종사할 분야가 아니라면 한쪽으로 치우친 전문적인 내용을 다룬 전문분야의 책도 피하는 것이 좋다. 물론 자신이 평생 의료분야에 종사할 사람이라면 의료분야의 책을 선택해서 영어를 마스터하는 것도 좋은 방법이다. 어떤 면에서 미래의 자신의 분야가 확실하게 정해졌다면 그 분야의 원서를 선택하는 것이 더 효과적일 수 있을 것이다. 그러나 특별히 미래의 분야가 정해지지 않았다면 여러 분야에서 무난하게 많이 사용될 수 있는 스타일의 책을 고르는 것이 좋다. 즉 책 전체 내용이 한 쪽에 너무 치우친 것은 보다는 일반적인 것이 좋다. 그 이유는 전문적인 분야의 단어가 반복적으로 나오는 전문서적은 단어의 폭이 매우 좁아지기 때문이다. 다양한 분야를 골고루 다루면서 사회에서 많이 활용될 수 있는 일반적인 내용으로 된 책이 금상첨화일 것이다. 일상적인 사회활동을 하는데 있어 필요한 단어들이 많이 나오는 책이 좋은 것이다. 따라서 대학에서 사용되는 각종 대학원서나 각종 전문서적 원서들은 가급적 피하는 것이 좋다.

4) 미래에 자신의 목표와 꿈에 적합한 영어책을 선정하면 좋다

자신의 미래와 목표와 꿈이 분명하게 정해졌다면 그 방면에서 활동하는데 도움이 되는 책을 선택하는 것도 좋다. 예를 들어 자신의 꿈이 유학이라면 자신이 유학 가서 공부하게 될 분야의 서적을 선택해서 공부하는 것이다. 자신의 미래의 분야가 사진작가라면 사진에 관련된 영어책을 선정하는 것이다. 자신의 분야가 호텔이라면 호텔에 관한 원서를 선택한다. 자신의 미래의 분야가 확실하게 정해져 있다면 그 방면의 영어책을 선택하여 영어마스터 공부를 하는 것도 좋다. 이러한 책은 두 마리의 토끼를 잡는 효과를 가져 올 수 있다. 즉 필수적이고 기본적인 영어실력과 자신이 앞으로 종사하게 될 전문분야의 단어까지 습득하게 되어 일거양득인 것이다.

5) 자신이 좋아하고 흥미를 느끼는 책을 선정해라

영어를 마스터하는데 있어 자신이 흥미를 느끼는 책을 선정하는 것은 영어마스터를 성공적으로 하는데 좋은 역할을 할 수 있다. 이왕이면 자신이 좋아하고 흥미를 느끼는 내용의 책을 선정한다면 영어공부 자체를 즐기면서 할 수 있을 것이다. 영어책 내용이 너무 딱딱하거나 자신이 전혀 흥미를 느끼지 못하는 것이라면 영어공부를 하는데 재미가 없을 것이다. 영어공부에 효과를 높이기 위해 자신이 관심이 있고 흥미가 있는 분야의 책을 선택하는 것은 영어공부에 매진하는데 촉매제의 역할을 하게 된다. 1년간 영어마스터 공부에 몰입하기 위해서는 자신이 흥미를 느끼고 재미를 느낄 수 있는 그러한 내용의 책을 선택 한다면 영어마스터 공부에 더욱 몰입할 수 있을 것이다.

6) 가급적이면 고등학교 3학년 영어교과서보다 한 단계 높은 책을 선택하라

책에 나오는 단어수준은 고등학교 3학년 영어교과서보다 한 단계 높은 수준의 영어단어가 나오는 것으로 하는 것이 바람직하다. 너무 어려운 단어들이 나오는 책은 피하는 것이 좋다. 그 이유는 사회에서 거의 쓸 일이 없기 때문이다. 실제로 사회에서 무난하게 많이 사용하는 단어들로 채워진 책을 선택하는 것이 제일 좋다. 그러므로 책의 내용을 잘 살펴보고 단어들이 일반적인 단어들인지를 꼭 확인해야 한다. 사회생활하면서 쓰지도 않을 단어를 공부하고 외우느라고 시간을 낭비하는 우를 범해서는 안 된다. 짧은 시간 안에 최대의 효과를 올리기 위해서는 단어들의 성격을 면밀하게 살피는 것이 중요하다. 이와는 반대로 중고등학교 수준의 너무 쉬운 단어들로 채워진 것도 바람직하지 않다. 항상 기준은 책의 내용이 장차 사회에 나가서 국제적으로 활동하는 데 필요한 단어수준에 근접한 것으로 선택하는 것이다. 고3 수준의 교과서 단어로는 약간 부족한 느낌이므로, 그보다 바로 한 단계 위의 단어수준이 적합하다. 다시 말해서 고3수험생들이 보는 수능독해 고급문제집에 나오는 수준이면 아주 무난할 것이다. 수능독해 대비 독해문제집의 영어가 가장 표준적이고 기본적이 영어문장 패턴이라는 것을 여러분은 명심해야 한다. 또한 그러한 책은 문장의 구성이나 단어 수준이 영어를 마스터하는 데 가장 이상적이다. 그러므로 수능독해문제집 중에서 고급독해 수준에서 나오는 수준의 단어들로 구성된 책을 선정한다면 금상첨화이다. 본인이 판단해서 고3 정도의 교과서 수준으로 된 영어책이 충분하다고 판단되면 그것으로 정할 수도 있다.

7) 책의 분량은 250쪽 정도로 된 것이 적당하다

영어를 마스터하려면 가장 많이 쓰이고 표준적인 영어 5천 문장을 암기하면 된다. 그러므로 책을 선정하는데 있어 가급적 이 기준에 맞추도록 해야 한다. 물론 5천문장이라는 것은 상징적인 의미가 매우 강하다. 그 정도 문장의 패턴을 암기하면 국제적으로 활동하는 데 문제가 없다는 뜻이다. 보통 영어원서의 책을 보면 한 페이지에 20문장 내외로 구성되어 있다. 한 페이지가 평균 20문장 내외로 구성되어 있다면 전체가 250페이지로 된 책을 보는 것이 좋을 것이다. 필자는 영어책이 전체 분량이 250페이지에 근접하는 책을 선정할 것을 적극 권한다. 너무 두꺼운 책을 보는 것은 시간이 너무 많이 걸리는 단점이 있다. 그리고 페이지수가 250페이지 미만의 책은 한 번 보는 데 시간은 절약되지만, 단어의 양이나 문장이 양이 좀 적어지므로 그것이 단점이다. 아무튼 필자가 적정한 가이드라인을 제시하는 것인 만큼 참고하는 선에서 이해해 주면 되겠다. 본인이 250페이지 미만이라 하더라도 충분하겠다고 판단되면 그것으로 해도 된다. 다만 200페이지 미만의 책으로는 영어마스터의 효과가 매우 떨어진다는 점을 인식하기 바란다.

2. 단어, 숙어를 모두 책에 기록해라

일단 영어를 마스터할 영어책을 한 권 신중하게 선정했다면 그 책을 먼저 읽으면서 그 문장 하나하나를 이해하는 작업을 해야 한다. 우선 영어문장을 읽으면서 모르는 단어나 숙어 등을 찾아서 책 여백에 기록한다. 이때 단어의 발음이 헷갈리는 경우 단어 밑에 작게 발음기호도 표시해 둔다. 영어의 모든 것을 한 권의 책으로 해결하기 위해서는 단어의 쓰임새, 동사의 패턴, 어휘의 올바른 뜻, 발음 등을 모두 신경 써야 한다. 영어공부를 대충하려고 해서는 안 된다.

책에 나오는 단어나 숙어에 대해 정확한 의미를 알기 위해서는 그 단어의 품사별 의미 그리고 동사의 자동사와 타동사의 의미를 기록해 둔다. 책의 여백을 이용하여 단어나 숙어의 뜻을 기재한다. 그러므로 책이 큰 경우가 매우 좋다. 책의 사이즈가 작은 경우 여백이 적어 일일이 단어나 숙어의 뜻을 써놓는 데 애로 사항이 있을 수 있다. 만약 여백이 별로 없는 경우라면 간단한 메모지를 이용하는 것도 좋을 것이다. 혹은 단어 숙어들을 기록하는 노트를 준비해서 페이지별로 기록하는 것도 하나의 방편이다. 가장 좋은 방법은 책에 나오는 모르는 단어와 숙어의 뜻을 책의 여백에 써놓는 것이다.

책의 여백에 모르는 단어와 뜻을 써놓는 이유는 책을 반복해서 볼 때마다 그 뜻을 바로 찾아볼 수 읽도록 하기 위함이다. 단어는 여러 번 본다고 해서 쉽게 암기되지 않는다. 적어도 7번 이상을 보아야만 비로소 암기가 된다고 한다. 그러나 필자의 경험으로는 수십 번을 봐야 암기가 되는 경우가 많다. 따라서 3~4번 단어의 뜻을 보았다고 다음에 그 단어의 뜻이 쉽게 생각나지는 않는다. 단어를 따로 단어집으로 공부할 필요는 없다. 마스터교재에 나오는 단어를 집중적으로 공부하는 것이 좋다. 그리고 사전 하나를 전부 암기한다.

많은 영어전문가들이 영어단어의 뜻을 찾지 말고 대충 문맥을 통해서 해석을 하는 버릇을 기르라고 조언하고 있다. 그러나 그렇게 얼렁뚱땅 공부하는 방법은 이제부터 버려야 한다. 그것은 학교 때 시험에서 점수 따기 위한 공부방법이다. 그야말로 시험을 위한 임시방편 공부방법이다. 영어마스터는 그런 얼렁뚱땅 공부 방법을 단호하게 배격해야 한다. 내가 그 단어에 대해 정확하게 알지 못하면 사용할 수 없다는 사실을 명심해야 한다.

하나를 알아도 확실하게 알아야 내가 그것을 마음껏 활용해서 사용할 수 있다. 하나를 알아도 확실하게 아는 것이 영어마스터의 포인트다. 그 대신 사회에서 잘 사용하지 않는 어려운 단어나 숙어는 공부할 필요가 없다. 사회에서 요구하는 단어의 수는 2만 개 내외이므로 이것을 확실하게 익혀야만 하는 것이다. 그 방법은 책의 여백에 그 단어의 품사별 뜻과 사용법을 기록하여 두는 것이 가장 좋은 방법이다. 경우에 따라는 발음과 악센트(accent)의 위치까지 표시해 두어야 한다. 그 이유는 발음도 영어에서 매우 중요하기 때문이다.

반드시 단어나 숙어의 뜻을 기록할 경우에는 대표적인 뜻을 모두 기록해야 한다. 그래야만 그 단어의 사용을 마음대로 할 수 있다. 그리고 품사별로 모두 기록하고 그 뜻도 중요한 것만 선별해서 기록한다. 대개의 경우 같은 의미의 뜻이 여러 개 있는 경우 그 중 대표적인 것들을 골라 모두 기록하는 것이다. 동사의 경우 자동사의 의미와 타동사의 의미도 정확하게 기록하는 것이 중요하다. 그리고 자동사로만 사용되는 동사와 타동사로만 사용되는 단어는 특별히 표시를 해두어서 암기하도록 한다. 영어 동사의 90% 이상이 자동사와 타동사 두 가지 의미를 다 가지고 활용되고 있다. 동사가 자동사나 타동사 홀로 사용되는 경우는 많지 않으므로 특별히 주의해서 별도로 암기해 둘 필요가 있다.

숙어도 마찬가지다. 한 가지 종류의 뜻을 가지고 있는 경우도 있지만 많은 숙어들이 여러 가지 의미로 사용되는 경우가 많으므로 대표적인 뜻을 모두 기록하는 습관을 가져야 한다. 그렇게 해야만 그 숙어를 자유자재로 활용할 수 있게 된다. 우리는 단지 그 문장 자체의 해석만을 목적으로 해서는 안 된다. 그 밖의 다른 표현으로 사용되는 경우까지 예상해서 자주 쓰이는 숙어의 뜻 전부를 알고 있어야 한다. 그러므로 숙어의 뜻도 여러 가지인 경우 모두 그 뜻을 기록한다.

왜 책의 여백에다 모르는 단어나 숙어 등을 기록하는가. 그 이유는 단어 숙어 등을 따로 외우기보다는 책에서 단어나 숙어의 뜻을 바로 익히기 위함이다. 따로 시간 내서 숙어나 단어를 공부할 필요성을 제거하는 것이다. 필자가 항상 주장하는 것은 시간을 절약해서 최소의 노력으로 최대의 효과를 거두자는 것이다. 영어전문가들조차 과거에 수년 동안 밤낮으로 영어에 몰두해야 겨우 마스터의 경지에 올라섰다는 엄연한 현실을 인식한다면 효율성을 최고로 높이는 공부를 하지 않으면 안 된다. 자칫 잘못하면 영어마스터는 수년이 걸려도 힘들 수가 있기 때문이다.

3. 문장의 구조를 완벽하게 분석하라

영어를 마스터하려면 **모든 문장의 패턴을 완벽하게 분석해 보는 것이 중요하다.** 다시 말해서 문장의 형식과 구조를 정확하게 분석해야 한다. 이것은 문장의 형식이 몇 형식으로 구성되어있는가를 분석하는 작업이다. 또한 문장의 전반적인 구성을 파악하는 일이다. 영어의 문장은 모두 5가지로 분류된다. 이 5가지 형식의 패턴에 따라서 문장을 분석하는 것이다. 문장의 형식이 몇 형식으로 되어 있는가는 그 문장의 동사의 패턴을 파악하는 일이기도 하다. 동사가 몇 형식의 동사로 사용되어 있는가를 분석하는 것이다. 그리고 문장이 여러 개로 연결되어 있을 경우 문장과 문장의 관계가 무엇인지도 파악하는 것이 중요하다. 이것은 정확한 문장의 뜻을 파악하기 위해 필요한 작업이다.

문장의 형식과 구조를 잘 파악해야만 정확한 뜻을 알 수가 있다. 문장이 긴 것은 여러 개의 절로 서로 연결되어 있는 것이다. 문장이 길어질 경우 절과 절사이의 구조를 잘 파악해야 한다. 절 사이의 연결이 어떠한 관계인지를 확실하게 분석해야 한다. 두 개의 절이 등위접속사로 연결되었는지 종속접속사로 연결되었는지에 따라 해석의 방법이 달라진다. 그리고 두 개의 절이 관계사로 연결되었는지도 잘 분석해야 한다. 관계사에는 관계대명사절과 관계 부사절이 있다. 이러한 두 가지 종류의 관계사절의 특성과 차이를 잘 알고 분석을 해야 한다. 문장의 분석을 정확히 하기 위해서는 사전에 기본적인 영문법의 지식이 갖춰져야 한다. 기본적인 영문법 지식이 이러한 작업을 위해 반드시 필요하다. 그렇기 때문에 기본영문법 지식이 없이는 영어문장의 분석과 영어마스터가 불가능하다는 점을 인식해야만 한다.

  문장의 분석에는 문장의 형식과 구조를 파악하는 것도 중요하지만 각종 수식어의 특성과 의미 그리고 용법도 잘 파악해야 한다. 전체적인 문장의 형식과 구조가 바로 문장의 뼈대라면 수식어는 외부의 모습을 좀 더 멋있게 치장하고 꾸미는 역할을 한다. 문장의 모습을 자세히 묘사하고 그리고 문장의 의미를 확실하게 전달해주기 위해 사용되는 각종 수식어의 분석도 제대로 이루어져야만 한다. 그밖에도 연결어, 삽입, 도치, 생략 등의 용법에 대해 정확한 분석이 이루어져야만 문장의 의미를 정확하게 파악할 수 있다. 문장에서 나온 단어 하나하나가 나름대로 어떤 역할을 하기 위해 존재하는 것인 만큼, 문장의 모든 단어의 역할에 대해 완벽한 이해가 뒤따라야 한다.

  왜 이러한 문장의 형식과 구조가 철저하게 분석되어져야만 하는가? 그것은 세 가지 목적이 있다. 첫째는 문장의 정확한 형식과 구조를 파악함으로써 그 문장의 전체적인 의미를 파악할 수 있다는 점이다. 글을 쓴 사람이 그 문장에서 표현하고자하는 정확한 의미를 파악하기 위해서는 절대적으로 문장의 분석이 요구된다. 문장의 형식과 구조를 통해서 우리는 글쓴이의 뜻을 잘 파악하게 되는 것이다.

둘째로는 영어문장의 형식과 구조를 분석함으로써 우리는 영어문장의 구성에 대해 배우고 익힐 수 있다. 영어문장을 구성하는 데 가장 중요한 역할은 바로 동사이다. 동사가 몇 형식으로 사용되었는지를 파악함으로써 우리는 그 동사의 사용법을 배우고 익힐 수 있는 것이다. 영어공부에 있어서 가장 중요한 부분이 문장에서 동사가 어떤 방식으로 사용되었는가를 아는 것이다. 우리는 **동사의 사용법에 대해 정통하지 않으면 영어를 마스터할 수 없다.** 따라서 문장에서 동사의 형태와 사용법을 면밀히 분석해서 이것을 자신의 것으로 만드는 것이 매우 중요하다. 또한 절과 절의 연결 관계를 분석을 통해서 영어문장의 연결 관계에 대해 우리가 배울 수 있다. 영어가 외국어이기 때문에 우리가 멋대로 영어를 만드는 것은 피해야한다. 원어민들의 영어문장을 그대로 따라서 배워야만 정확한 영어문장이 되는 것이다. 우리는 영어를 잘하기 위해서는 반드시 원어민이 쓴 영어문장을 그대로 배우고 익히는 것이 중요하다.

셋째로 영어문장의 분석을 통해서 우리가 영어단어를 자유자재로 활용하고 쓸 수 있는 토대를 마련해 주는 것이다. 또한 문장에서 사용된 단어의 의미와 뜻을 정확하게 파악할 수 있게 된다. 이를 통해서 우리는 문장을 구성하고 있는 단어들에 대한 사용법을 배울 수 있다. 우리는 한국인이기 때문에 영어의 단어를 활용하는 데 있어서는 정확한 감을 잡을 수가 없다. 단어의 사용법과 그 단어의 뉘앙스(nuance)를 알기 위해서는 원어민들이 쓴 영어문장을 많이 보고 이를 배우는 것이 가장 최선의 방법이다. 우리에게 가장 어려운 점은 단어의 실제 사용하는 방법이다. 단어의 실제 사용법을 배우기 위해서는 원어민들이 쓴 글을 보고 배우는 방법이 가장 좋다. 우리가 영어를 마스터해서 영어를 자유자재로 말하고 글로 쓰기 위해서는 반드시 단어들의 사용법을 잘 알아야만 가능하다. 단어의 사용법을 배우는 것이 영어를 잘하는 비결이다. 적재적소에 알맞은 단어를 사용하는 것이 바로 우리가 가장 신경을 써서 배우고 익혀야만 하는 것이다.

영어마스터의 출발점은 원어민이 쓴 글을 분석하는 작업이다. 원어민이 쓴 문장을 분석함으로써 우리는 영어문장의 구성과 형식과 원리를 파악하고 단어의 사용법을 배울 수 있다. 우리는 원어민의 쓴 글을 통해서 영어의 모든 것을 배워야 한다. 왜 그 단어가 사용되었는지 그리고 그 단어의 의미가 무엇인지를, 파악하는 작업은 장차 내가 그 단어를 자유자재로 활용하여 대화를 하고 글로 쓸 수 있는 토대가 된다는 점에서 매우 의미가 있는 작업이라고 말할 수 있다. 이러한 작업을 소홀히 하고 간과한다면 영어의 마스터는 불가능하다. 영어 5천 문장을 이렇게 분석하다보면 그 이후부터는 영어문장을 읽는 것과 동시에 문장의 형식과 패턴이 자동으로 분석되면서 그 문장을 해석하는 것이 가능하다. 처음에는 시간이 걸리고 힘이 들지만 어느 정도 지나면 문장을 읽으면서 분석이 자동으로 이루어지고 동시에 해석이 된다. 다시 말해서 **직독직해**가 자동으로 이루어지는 것이다. 이것은 듣기에도 적용이 된다. 아무리 긴 문장을 듣더라도 문장을 들으면서 바로 이해가 되는 능력을 갖게 된다.

4. 문장을 완벽하게 해석하라

책에 나온 모든 문장을 완벽하게 해석하는 단계이다. 전 단계에서 문장의 형식과 구조의 분석을 토대로 해석을 한다. 영어는 문장의 형식에 따라 동사의 의미가 달라지는 경우가 많다. 따라서 문장의 형식과 구조를 파악했다면 거기에 맞는 단어의 의미를 찾아서 해석을 해야 한다. 1형식 문장인데 3형식 의미로 동사를 해석해서는 안 될 것이다. 반대로 명사의 역할로 사용된 단어를 형용사로 해석을 해서도 안 될 것이다. 이와 같이 해석을 정확히 하기 위해 여러분은 문장의 형식과 구조를 정확하게 분석하는 것이 전제되어야 한다. 그렇기 때문에 정확한 해석을 위해 정확한 문장의 분석이 먼저 실행되어야 한다.

해석에서 가장 먼저 파악해야 할 것은 주어부분이다. 문장에서 해석을 시도할 때 문장구성의 첫 번째 요소인 주어부분을 정확하게 파악해야 한다. 우리는 학교에서 주어 부분은 조동사나 동사 바로 앞부분이라고 배웠을 것이다. 영어문장에서 주어를 파악하는 것이 해석의 첫 번째 작업이 된다. 주어가 무엇인지 모를 경우 해석의 출발이 되지 않는다. 주어가 어디에 있는지 알게 되면 자동으로 술어부분에 대해서도 정확하게 파악을 할 수가 있게 된다. 영어문장은 거의 대부분 주어와 동사가 존재한다. 문장에서 주어 부분과 동사를 잘 파악하는 것이 해석의 시작이라고 말할 수 있다.

주어 부분이 파악이 되면 두 번째로 중요한 것이 바로 동사를 찾아 해석하는 것이다. 동사의 특성이 무엇인지를 정확하게 알기 위해 뒤에 나오는 어구를 잘 살펴야 한다. 동사가 자동사로 사용되었는지 타동사로 사용되었는지에 따라 해석이 달라진다. 또한 동사가 4형식 동사인지 5형식 동사인지에 따라 동사의 의미가 달라진다는 점을 명심해야 한다. 전체적으로 문장의 형식을 결정하는 것은 동사의 성격과 그 뒤에 나오는 어구들을 종합해서 판단을 해야 한다. 영어에서 문장 구성과 형식에 결정적인 역할을 하는 것이 바로 동사이다. 그러므로 문장에서 동사가 몇 형식의 동사로 사용되었는지를 파악하는 것은 매우 중요하다.

문장의 형식에 따라 동사 뒤에 나온 어구가 보어인지 목적어인지 파악이 되면 그에 맞추어 해석이 이루어져야 한다. 그리고 4형식 동사의 경우 목적어 2개가 연이어 나오게 된다. 5형식 동사의 경우는 목적어와 목적격보어가 뒤에 나오게 되는 것이다. 이러한 문장의 구성의 분석을 바탕으로 기타 수식어도 정확하게 이해될 수 있다. 문장의 전체적인 형식이 결정되면 문장의 파악이 자동으로 이루어진다.

문장의 주요 구성성분을 뺀 나머지는 대개 수식어구라고 보면 된다. 수식어는 크게 두 가지로 분류된다. 형용사의 성격을 가진 품사들이 명사를 수식하는 경우와 부사가 여러 가지 품사들의 단어를 수식하는 경우이다. 형용사의 성격을 갖는 단어들은 대개 **관사, 소유격, 형용사**종류들(지시형용사, 부정형용사, 의문형용사 등), 그리고 **현재분사와 과거분사**들이다. 또한 관계대명사절과 관계부사절도 형용사절로서 앞에 있는 명사를 수식한다. 부사는 모든 품사의 단어를 수식할 수 있지만 주로 형용사, 동사, 다른 부사를 수식하다. 부사의 종류에는 부사를 비롯하여 부사구, 부사절이 있다.

이러한 방식으로 문장을 해석하는 것이 정확하게 해석하는 요령이다. 모르는 단어가 나왔을 경우 그 단어가 가지는 모든 품사의 종류와 품사에 관련된 의미를 반드시 메모해 두는 습관을 길러야 한다. 그렇게 함으로써 그 단어의 용법과 의미를 익히게 되고 자신의 것으로 만들 수 있다. 한 단어에 대해 어떤 품사로 사용되고 그 뜻이 무엇인지를 정확하게 파악할 때 비로소 바로 그 단어를 자유자재로 내가 활용할 수 있게 되는 것이다.

문장이 여러 개가 연결되어 있는 경우에는 그 문장들이 대등하게 연결된 것인지 아니면 문장의 일부를 구성하는 부분으로서 연결된 것인지를 잘 파악해야 한다. 보통 문장이 여러 개가 연결된 것들을 절이라고 부른다. 대등하게 연결된 절을 **등위절**이라고 부르고, 문장의 일부를 구성하는 절을 **종속절**이라고 부른다. 등위절을 이끄는 것은 등위접속사, 등위상관접속사, 그리고 연결어(접속부사 등을 의미)이다. 등위절은 문장을 자연스럽게 읽어나가면서 그대로 해석하면 된다. 그러나 종속절인 경우에는 반드시 주절과 연관이 있다. 종속절인 경우에는 앞에 나온 주절과 밀접한 관계가 있기 때문에 이러한 관계를 잘 파악하는 것이 중요하다. 종속절에는 명사적 역할을 하는 명사절, 형용사적 역할을 하는 형용사절, 그리고 부사적 역할을 하는 부사절로 나눠진다.

　해석에서 주의할 점은 그 문장에서 사용된 단어의 품사가 무엇인지를 정확하게 파악하는 것이 무엇보다 중요하다는 점이다. 문장이 복잡하고 난해한 경우 가장 힘든 것은 그 단어의 품사가 무엇인가를 파악하는 일이다. 정확한 품사를 파악하는 방법은 '그 단어가 있는 위치가 어디에 위치하고 있느냐'에 좌우된다. 단어가 주어, 목적어, 보어 그리고 전치사의 목적어의 위치에 놓여 있다면 그 단어의 품사는 명사이다. 그 단어가 명사 앞에 놓여 있다면 그리고 보어의 위치에 있다면 형용사일 가능성이 높다. 그리고 그 단어가 동사를 수식하는 역할을 하는 위치에 놓여 있다면 그 단어는 부사로 해석해야 한다. 이러한 모든 분석은 그 문장에서 사용된 동사의 패턴을 정확히 파악하면서 글의 흐름과 문장 전체적인 분석을 해야 정확하게 결정할 수 있다.

　이와 더불어 주의할 사항은 단어의 뜻이 여러 개가 존재한다는 사실을 인식하는 것이다. 예를 들어 **capital**이라는 단어가 명사인 경우 그 의미는 **자본, 수도, 대문자, 원금** 등의 뜻을 지닌다. 그러므로 이렇게 다양한 의미를 가질 경우 이것들 중에서 적절할 의미를 선택해서 해석하는 능력을 키워야한다. 정확한 뜻을 찾는 방법은 그 글의 문맥 속에서 가장 적합한 단어의 의미를 선택하면 된다. 그러므로 평소에 모르는 단어를 찾을 경우 품사별로 그 의미의 대표적인 것들을 정확하게 메모해서 이를 수시로 반복해서 익히는 작업이 반드시 이루어져야 한다. 이러한 노력을 거쳐야 영어마스터의 목표가 달성될 있다는 사실을 알아야 한다.

또 하나, 해석에서 주의할 점은 현재분사와 과거분사의 의미의 차이점을 잘 파악하는 일이다. 현재분사는 **능동과 진행**의 의미를, 그리고 과거분사는 **완료와 수동**의 의미를 내포하고 있다. 그러므로 의미상의 주어가 능동적인 의미인 경우에는 반드시 현재분사를 사용해야 한다. 이에 반해 주어가 수동적인 행태를 보이는 것을 표현할 경우에는 반드시 수동의 의미를 갖는 과거분사를 사용해야만 한다. 또한 현재분사는 진행의 의미를 나타낸다는 점을 알아야 한다. 반대로 과거분사는 완료의 의미를 가진다. 이러한 차이점을 명확히 이해를 하면서 해석을 해야 한다.

5. 문장을 장기기억 시켜라

영어 문장의 분석과 해석을 완벽하게 한 후에 그 문장의 모든 사항을 머릿속에 저장하는 노력을 해야 한다. 머릿속에 기억시키는 이유는 나중에 그 문장에서 나온 단어나 숙어 그리고 문장의 패턴을 자유자재로 내가 사용하기 위함이다. 보통 영어를 공부하는 사람들은 영어문장을 분석하고 이어서 해석을 완벽하게 하면 공부는 거기서 끝내는 것이 보통이다. 문장의 형식과 구조를 확실하게 파악했기 때문에 그 문장에 대해서는 이제 의문점이 없다고 느끼고 다음으로 넘어간다. 영어는 학문이기도 하지만 동시에 언어이기도 하다. 언어는 훈련을 통해서 정복할 수 있는 것이지, 이해로만 언어를 정복할 수 있는 것은 아니다.

우리는 영어가 언어라는 사실을 잊곤 한다. 우리는 단지 영어가 학문의 한 과목으로서 시험점수만 잘 나오는 것을 영어공부의 최대 목표로 삼고 있다. 그래서 모든 영어교육이 점수 따기 공부에 초점을 맞추고 있다. 문제는 거기서 발생한다. 영어는 언어이기 때문에 그 언어를 배워서 외국인과 의사소통을 하기 위해서는 부단히 연습하고 훈련을 해야 한다는 사실을 잊고 있다. 상황이 그렇다 보니 학생은 물론이고 선생도 언어의 중요한 기능인 의사소통의 측면을 완전히 무시하고 오로지 시험 점수를 올리는 것에 집중하고 있다. 그러나 사회는 영어가 언어로서 외국인과 자유자재로 의사소통을 할 수 있는 사람을 원하고 있다. 회사에서 인재의 가장 중요한 요소 중의 하나로서 외국어 구사능력을 뽑고 있다는 사실은 여러분이 신문만 꾸준히 본다면 알 수 있다. 왜 학생들의 영어점수가 좋은 데도 불구하고 회사의 인사담당자들은 영어실력을 인재의 주요 요건으로 그렇게 부르짖고 있는가? 그 이유는 많은 젊은이들의 영어구사력이 회사의 요구에 못 미치기 때문이다.

사회에서는 겉으로 보기에 그럴듯한 토익, 토플 점수보다는 실제로 외국인과 영어로 의사소통이 가능한 인재가 필요하다는 말이다. 실제로 영어를 언어로서 자유자재로 구사하고 활용하기 위해서는 반드시 영어문장에 대한 반복된 훈련을 통해 암기하는 작업을 해야 한다. 이러한 반복된 훈련을 하지 않고는 실제적인 영어구사력을 기를 수는 없다. 지금까지의 학교 영어교육과 토익, 토플시험의 영어공부는 실제적인 영어구사력에 초점을 둔 것이 아니다. 젊은이들이 이점을 심각하게 생각해야 한다. 사회에서는 언어로서의 영어실력을 요구하고 있다. 그럼에도 불구하고 일반 학생들과 젊은이들은 오로지 토익, 토플점수에 올인 하고 있다. 물론 해외유학을 준비하기 위해서 토플점수가 필요하다는 것은 알고 있다. 그럼에도 불구하고 필자의 생각은 점수는 크게 중요하다고 생각지 않는다. 설사 외국유학을 준비하더라도 실제로 필요한 것은 토플점수가 아닌 영어마스터라고 생각한다. 그 이유는 어차피 유학을 가게 되면 가장 필요한 것이 영어를 자유자재로 말할 수 있고, 글로 쓸 수 있는 능력이기 때문이다. 영어를 마스터하지 않고서는 유학을 성공적으로 마칠 수 없다는 사실을 깊이 깨달아야만 한다.

그렇다면 영어를 어떻게 하면 외국인과 동일하게 영어를 자유자재로 말하고 글로 쓸 수 있을까? 그것은 바로 끊임없는 반복훈련을 통해서 완전히 영어문장을 내 것으로 만드는 노력을 하는 것이다. 한마디로 말해서 영어를 마스터하기 위해 선정한 책의 모든 문장을 완전히 암기하는 것이다. 물론 가장 많이 쓰이는 기본적이고 표준적인 5천 문장을 외우면 끝난다. 그러나 가장 많이 쓰이는 5천 문장을 모아놓은 책은 이 세상에 존재하지 않는다. 따라서 이러한 요건에 근접하는 영어책을 선정해서, 그 책 전체를 처음부터 끝까지 완벽하게 암기하는 것이다.

영어마스터를 위해 선정한 책의 내용의 전체를 암기하는 목적은 바로 책에 나온 모든 문장을 장기기억을 시키기 위함이다. 다시 말해서 책 전체 문장을 평생 머릿속에 저장하는 것이다. 죽을 때까지 영어를 자유자재로 구사하고 쓸 수 있게 만드는 것이다. 영어문장을 외운 후 3개월이나 1년 지나서 기억에서 지워지면 안 된다. 살아있는 한 언제든지 영어문장을 끄집어내서 쓸 수 있어야 한다. 그렇게 하기 위해 반드시 영어문장 전체를 머릿속에 영구히 저장시키는 작업을 해야 한다. 장기기억을 시키기 위해 필자가 제시하는 방법은 **'책 전체를 100번 반복해서 보라.'** 는 것이다.

책 전체 문장의 내용을 장기기억 시키기 위한 절차는 다음과 같이 정리할 수 있다. 우선 책을 처음부터 끝까지 문장을 분석하고 해석해 본다. 이때 모르는 단어나 숙어를 모두 사전에서 찾아서 책 여백에 기록한다. 그리고 난 후 계속해서 그 책을 99번 반복해서 본다. 이렇게 해서 책의 내용을 100번 반복해서 보게 되면 책의 모든 단어, 숙어, 문장패턴을 완전히 이해하면서 자동으로 암기된다. 반복해서 볼 때 60번까지는 눈으로 읽고, 61번째부터 100번째까지는 소리를 내어 읽으면서 독파한다. 소리를 내어 읽는 것은 바로 정확한 발음을 정복하고, 유창한 영어를 구사하는 능력을 기르기 위함이다. 소리를 내어 영어를 읽는 과정은 매우 중요하다. 완벽한 영어를 구사하기 위해서는 말하는 능력을 길러야한다. 언어에서 의사소통이 매우 중요하다. 의사소통은 바로 말로 표현하는 것이다. 그러므로 영어를 소리를 내어 읽는 연습을 반드시 해야 한다. 유창한 영어는 바로 읽기훈련에서 나온다.

그리고 마지막으로 한 번 영어문장을 안 보고 써본다. 책 전체 문장을 완벽하게 암기를 하는 마지막 과정이라고 볼 수 있다. 그 동안 100번 영어책을 반복해서 보면서 머릿속에 거의 암기가 되었을 것이다. 영어문장을 완벽하게 암기하기 위해 보지 않고 영어문장을 한 번 써보는 것이다. 영어문장을 써볼 때 그 영어책의 해석본이 있다면 그 해석의 글을 보고 영어로 써보는 것도 좋은 방법이다. 또는 먼저 한 페이지를 읽거나, 한 단락을 읽고 그 다음에 보지 않고 그 문장들을 영어로 써보는 것이다. 써보고 난 뒤에 바로 원문과 대조해서 잘못된 점을 반드시 확인하고 넘어간다. 이렇게 한번 정도 쓰고 나면 비로소 영어마스터의 대단원의 막을 내리게 된다.

여기서 중요한 점은 반드시 100번 반복해서 봐야 한다는 점이다. 그것이 영어마스터의 가장 중요한 포인트다. 어떤 분은 "50번이나 70번 정도 보면 되지 않겠느냐"라고 반문할 수도 있을 것이다. 그러나 평생 책 내용을 암기하려면 최소 100번을 볼 것을 권장한다. 보통 전문가들이 "어떤 것을 완전히 암기하려면 150~200번 반복해서 훈련하라"고 말하고 있다. 이와 같은 사실을 상기한다면 100번은 최소한의 기준이라는 사실을 명심할 필요가 있다. 우리는 최소의 비용으로 최대의 효과를 내는 것을 원칙으로 삼아야 한다. 이 경제 원칙의 적용은 모든 방향에서 종합적으로 판단해야 한다. 따라서 지나치게 할 필요도 없다. 왜냐하면 우리는 항상 한정된 자원을 가지고 있기 때문이다.

6. 1년에 끝내라

지금까지 영어마스터에 대한 모든 방법들이 이 책을 통해 상세하게 여러분에게 제시되었다. 여러분은 필자가 제시한 방법대로 실천하면 반드시 영어를 마스터하게 된다. 영어 마스터하는 과정을 정리하면 다음 2가지로 요약된다. 첫째로 먼저 일반적이고 표준적 패턴의 영어 5천 문장에 접근하는 알맞은 영어책을 선정해서, 그 책에 나오는 모든 문장을 철저히 분석해서 해석을 해 본다. 그리고 계속해서 100을 반복해서 본다. 마지막으로 한 번 안 보고 써본다. 두 번째로 매일 하루에 50분씩 할애하여, 2만 단어가 수록된 영어사전을 하나 선정해서, 1년 동안 사전을 20번 정도 반복해서 본다. 반드시 이 두 가지를 동시에 수행해야 한다. 이 두 가지를 1년에 완벽하게 수행하는 것을 목표로 삼아야 한다. 절대로 1년을 넘어서는 안 된다는 확고한 결심을 하고 이를 실천해야 한다. 최소의 노력으로 최대의 효과를 거두기 위해서는 반드시 이 두 가지 조건을 동시에 충족시켜야 한다. 그러므로 여러분은 1년 영어 마스터과정에 대한 면밀한 시간계획표를 사전에 짜야한다.

필자가 강조하는 것은 반드시 1년에 끝내야만 마스터의 최대효과를 기대할 수 있다는 점이다. 물론 마스터를 2년이나 3년에 걸쳐서

할 수도 있을 것이다. 그러나 1년에 마스터하는 것과 2년에 마스터하는 것은 큰 차이가 있다. 포인트는 짧은 시간에 집중적으로 영어에 몰입해서 100번을 반복해서 보는 것이 가장 효과적이라는 사실이다. 예를 들어 어떤 긴 문장을 그 자리에서 연속적으로 30번 반복하면 완전하게 외울 수 있다. 그러나 1달에 1번씩 30개월에 걸쳐서 외운다면 볼 때마다 가물가물할 것이다.

독일의 심리학자 에빙하우스에 따르면 배운 내용은 10분이 지나면 망각이 시작되며, 한 달이 지나면 배운 내용의 80%가 망각한다고 한다. 우리 인간의 기억메커니즘을 가장 효율적으로 활용하는 방법은 빠른 시간 내에 공부한 내용을 다시 반복해서 보는 것이다. 따라서 영어마스터를 하는 방법에서 가장 중요한 것은 영어문장을 최단 시간에 다시 반복을 수없이 계속하는 것이다. 그리하여 평생 그 내용을 언제든지 끄집어내서 자유자재로 사용할 수 있게 만드는 것이다.

여러분에게 필자가 제일 강조하고 싶은 것은 '암기에서 가장 중요한 것은 회전을 빠르게 해야 한다'는 것이다. 가급적이면 빠른 시간 내에 다시 그 문장을 반복해서 보는 것이 중요하다. 물론 처음 영어책의 내용을 하나하나 분석하고 해석하는데 시간이 오래 걸린다. 하지만 두 번째부터는 시간을 최대한 아껴서 영어에 몰입해야 한다. 1년에 영어책을 100번 보는데 모든 시간과 에너지를 투입하여야 한다. 1년만 노력하면 여러분이 인생이 활짝 열리게 되는 것이다. 돈도 별로 들지 않고 이렇게 쉽게 영어를 장악할 수 있는 방법은 이 세상에 없다. 또한 영어만 마스터하면 전 세계가 내 활동 무대가 된다. 여러분은 사회에서 무엇이든지 도전할 수 있는 강력한 도구를 평생 갖게 된다. 미래 사회는 지금보다 더 세계화된 세상이 될 것이다. 미래의 상황을 미리 예측하고 젊을 때 준비하면 미래에 반드시 성공하게 된다.

책 한 권을 1년에 100번 반복해서 보기 위해 여러분은 1년 동안 영어공부 계획을 수립하여야 한다. 건설 공사를 할 때 기간별로 공사 계획을 세우듯이 여러분도 월별로 주별로 그리고 일별로 마스터 공부 계획을 세워서 정확히 365일이 되는 날 100번을 보는 과정을 완전히 끝내도록 해야 한다. 처음 책을 완독하는 것을 1개월에 끝낼 것인지 2개월에 끝낼 것인지를 계획을 잡아야 한다. 그리고 6개월 지나서는 몇 번을 끝낼 것인지 9개월 후, 10개월 후, 그리고 11개월 후는 각각 몇 번을 끝마칠 것인지를 계획을 세우고 이에 따라 실천해야 한다. 예정된 대로 실행을 하기 위해서는 반드시 계획된 날짜대로 책을 읽는 것이 중요하다.

영어책을 처음 볼 때가 가장 시간이 오래 걸릴 것이다. 그 이유는 모르는 단어나 숙어를 찾아서 메모를 해야 하기 때문이다. 그리고 문장의 형식과 구조를 정확하게 분석한 다음 해석을 해야만 한다. 이러한 과정은 문장의 내용을 완전히 이해하여 내 것으로 만들기 위한 아주 중요한 과정인 동시에 영어문장의 패턴에 익숙해지기 위함이다. 처음에 모르는 단어에 대해 사전을 찾고 문장을 분석하는 것이 시간이 많이 들고 힘이 들지도 모르나, 이 과정은 매우 중요한 과정이라는 사실을 알아야 한다. 이 과정이 장차 영어문장을 마스터하는 가장 중요한 초석이 되기 때문이다.

최초로 책을 분석하면서 보는 과정이 끝나면 영어마스터의 절반은 끝내는 셈이다. 두 번째부터는 책만 가지고 쭉 읽어 가면 된다. 모르는 단어들은 여백에 뜻이 다 메모되어 있기 때문에 메모를 참고하면서 내용을 읽어 가면 된다. 시간이 첫 번째 볼 때 보다 엄청나게 줄어들 것이다. 이렇게 두 번, 세 번, 네 번…… 아흔 아홉 번 읽으면 된다. 책을 독파하는 횟수가 증가할수록 책 읽는 속도가 빨라질 것이다. 60번 이후부터는 소리를 내면서 읽는 것이 좋다. 말하기 연습을 대비하기 위한 것이다. 정확한 발음으로 읽어가면서 책을 본다. 소리를 내면서 읽는 것은 유창한 영어를 구사하기 위한 것이므로 영어문장을 소리를 내면서 읽는 훈련을 꼭 하도록 한다. 주위에 사람이 없을 때는 좀 큰 소리로 하고, 주위에 사람이 있을 때는 작은 소리로 읽어 간다. 읽을 때 항상 정확한 발음으로 읽으려고 노력해야 한다. 특히 강세가 어디에 있는지를 잘 파악하여 강세를 강하게 읽는 연습을 필히 해야 한다.

영어책을 100번 반복해서 보면 그 내용을 거의 암기할 수준에 이르게 될 것이다. 마지막으로 그 영어책의 문장을 하나하나 보지 않고 적어보는 작업에 들어간다. 처음에 보지 않고 쓰기가 힘들 경우,

먼저 한 페이지를 읽고 난 후, 아니면 한 단락씩 읽고 나서 안 보고 써본다. 혹시 그 영어책의 해석본이 있다면 해석본을 보면서 이를 영문으로 써보는 것도 좋다. 영어로 쓴 것을 나중에 원문과 대조해서 빠진 부분이나 잘못된 부분을 체크해 본다. 마지막으로 책 전체를 처음부터 끝까지 보지 않고 한 번 써보는 것이 영어마스터의 피날레를 장식하는 것이다.

여러분은 이제 거의 영어 5천 문장을 완벽하게 암기한 상태가 되었다. 여러분은 이제 세상에 나아가서 멋진 꿈을 펼칠 수 있는 만반의 준비가 된 것이다. 이제 여러분이 하고 싶은 분야로 뛰어들어 인생을 멋지게 살아가면 된다. 이 얼마나 멋지고 감동적인 순간인가! 여러분은 영어를 마스터했기 때문에 이 세상에 누구보다도 더 멋지고 훌륭한 인생을 설계할 수 있을 것이다. 이제 여러분은 세상에 나아가 성공할 일만 남았다. 돈을 벌고 싶다면 돈을 벌어라. 유학을 가고 싶다면 유학을 가라, 해외로 나가고 싶다면 해외로 나아가라. 영어를 이용해서 사업을 하고 싶다면 당장 시작해라. 반드시 성공하게 될 것이다. 영어를 마스터했기 때문에 절대 실패할 수가 없다. 지금 여러분은 세상이 여러분을 향해 손짓하고 있는 것이 보일 것이다. 세계를 내 품안에 안는 순간이다. 여러분은 더 이상 부러울 것이 없다. 여러분이 현재 아무것도 가진 것이 없다 하더라도 이제 영어를 무기로 얼마든지 원하는 것을 얻을 수 있는 마법의 지팡이를 평생 지니고 살아가게 될 것이다.

한국의 많은 젊은이들에게 영어는 대단히 중요한 문제로 대두되고 있다. 그 이유는 사회에서 영어실력을 요구하고 있기 때문이다. 이러한 사회적인 분위기에 맞물려서 모든 가정에서 자녀의 영어실력을 키워주기 위해 엄청난 비용과 에너지를 쏟아 붓고 있다. 그러나 영어실력은 쉽게 향상되지 않는다. 더군다나 영어 마스터는 아예 꿈도 꾸지 못하는 경우가 대부분이다. 이러한 상황에서 가장 유리한 것은 경제력이 풍부한 집안이다. 아예 1년에 수천 만 원 씩 투자해서 자녀를 해외로 유학을 보낸다. 문제는 그렇지 못한 집안의 자녀들이다. 서민들 부모들은 경제 형편 때문에 자녀의 영어교육의 뒷받침을 제대로 해줄 수가 없다. 그러다보니 자녀의 영어실력이 뒤질 수밖에 없게 된다. 부모의 빈부의 격차는 바로 자녀의 영어실력의 격차로 이어진다. 이것은 다시 자녀들이 사회에 나갔을 때 경제력의 격차로 나타나게 되어, 부모의 빈부격차가 다시 대를 이어 자녀의 빈부격차로 반복될 공산이 크다.

영어실력이 바로 사회에 나가서 성공과 밀접하게 연관이 되어 있는 현실이고 보면, 영어실력을 쌓는 것이 모든 가정의 지상과제가 되고 있다. 사실 영어를 마스터하면 사회에서 성공할 수 있는 가능성이 매우 높아진다. 모든 경쟁에서 항상 우위를 점하게 되고 선택

할 수 있는 진로도 엄청나게 넓어진다. 영어 하나만 잘해도 사회에서 평생 잘 먹고 잘 살 수 있는 길이 많다. 자신이 영어에 자신이 있다면 지금 당장이라도 먹고 사는 문제가 해결된다. 그 이유는 사회는 항상 영어 실력 있는 사람을 필요로 하고 있기 때문이다. 우리는 어설픈 영어실력을 가지고 있기 때문에 어디 가서 자신 있게 명함을 내밀지 못하는 것이다.

우리는 가정의 경제력에 의해 영어실력이 좌우되는 그러한 현실을 부인하기는 매우 어렵다. 지금까지 이러한 사회의 불합리한 현상을 타개할 방안은 거의 없어 보였다. 그러나 필자가 오랫동안 영어와 씨름하고 고민하면서 나름대로 그것을 해소할 수 있는 방법을 찾아냈다. 오랫동안 영어공부에서 많은 시행착오와 수많은 실패를 통해서 얻은 값진 것이었다. 이제 누구나 돈이 거의 들지 않는 방법으로 1년만 몰입해서 공부하면 영어를 완벽하게 마스터할 수 있다. 단 몇 만 원만 투자해서 1년만 노력하면 꿈에 그리던 영어의 마스터가 가능한 것이다. 가장 효율적이고 가장 경제적인 영어마스터 방법을 이 책을 통해서 제시했다. 필자가 제시한 방법보다 더 효율적이고 더 경제적인 방법은 없다고 필자는 확신한다.

탈무드에 보면 자녀에게 물고기를 잡아주는 것보다, 물고기 잡는 방법을 가르쳐주는 편이 낫다고 말하고 있다. 자녀에게 물고기를 잡아서 갖다 주는 것은 두 가지 점에서 좋지 않다. 첫째, 아이들에게서 스스로 살아가는 독립심을 빼앗고 나태함을 기르는 것이다. 둘째, 인생을 올바르게 살아가는 방법을 알지 못하여 자녀의 인생을 망치게 할 공산이 크다는 점이다. 자녀들에게 물고기 잡는 방법을 가르쳐주면 평생 자녀 때문에 걱정할 필요가 없다. 이와 마찬가지로 필자는 아들에게 물고기를 잡는 방법으로 영어를 마스터하는 방법을 유산으로 넘겨주기로 했다. 필자는 아들에게 항상 강조한다. "유산은 기대하지 마라. 그 대신 영어 마스터 방법을 알려주마. 영어를 마스터해라 그러면 평생 먹고사는 걱정은 안 해도 될 것이다." 그리고 이 책에서 제시한 방법을 알려주었다. 필자는 부모로서 자녀에게 더 이상 재산이나 돈을 넘겨주지 않을 작정이다. 그 대신 아들이 혼자서 사회에 나가서 생존할 수 있는 도구와 방법을 알려주려고 한다. 우리는 자녀가 혼자서 살아갈 수 있도록 강력한 독립심을 길러주어야 한다.

여러분도 자녀에게 물질적으로 잘해 줄 생각하지 말고, 자녀가 혼자서 독립해서 살아갈 수 있는 인생 성공의 도구를 전수해 주기를 바란다. 그 성공의 도구 중의 하나가 바로 영어마스터 방법을 자녀에게 전수해 주는 것이다. 이 책은 그런 의미에서 자녀들에게 정신적으로 하나의 훌륭한 유산 역할을 하게 될 것이다.